# J'ARRÊTE D'AVOIR PEUR !

Groupe Eyrolles
61, bd Saint-Germain
75240 Paris Cedex 05

www.editions-eyrolles.com

La collection « J'arrête de… » est dirigée par Anne Ghesquière, fondatrice du magazine FemininBio.com, pour mieux vivre sa vie !

Dans la même collection :

*J'arrête de stresser !*, Patrick Amar et Silvia André

*J'arrête de (me) juger !*, Olivier Clerc

*J'arrête la malbouffe !*, Marion Kaplan

*J'arrête de râler !*, Christine Lewicki

*J'arrête de râler sur mes enfants (et mon conjoint) !*, Christine Lewicki et Florence Leroy

*J'arrête d'être débordée !*, Barbara Meyer et Isabelle Neveux

*J'arrête le superflu !*, Joanne Tatham

Dessins originaux : Faustine

Création de maquette : Hung Ho Thanh

Mise en pages : STDI


ISBN : 978-2-212-55818-0

Marie-France et Emmanuel
Ballet de Coquereaumont

# J'ARRÊTE D'AVOIR PEUR !

## 21 jours pour renouer avec son enfant intérieur

Cinquième tirage 2014

EYROLLES

# Remerciements

Nous remercions tout particulièrement Jacques Salomé pour son humanité, sa simplicité, sa bienveillance et ses encouragements.

Mille mercis à Corinne Cygler. Corinne, ton amitié et ta fidélité sans faille sont précieuses. Merci pour tes conseils et ta relecture intelligente de notre manuscrit.

Tendres pensées pour Marie-Noëlle Perrier et son amitié. Un grand merci, Marie-Noëlle, pour tes commentaires éclairés sur notre ouvrage.

Nous remercions Anne Ghesquière, notre directrice de collection, et Gwénaëlle Painvin, notre éditrice, pour leur confiance, leur engagement et leur enthousiasme. Merci aussi à toute l'équipe d'Eyrolles pour leur travail.

Nous remercions chaleureusement tous nos patients et stagiaires pour leurs témoignages et leur incroyable courage. En se dévoilant, ils nous permettent d'accroître notre connaissance et notre compréhension de l'âme humaine. Nous grandissons ainsi à leurs côtés.

Merci à la vie qui nous prodigue, telle une bonne mère, tant de cadeaux, de soins et d'amour.

# Sommaire

# Introduction

*« La peur, c'est l'enfant en nous qui panique. »*

**Tahar Ben Jelloun**

*« L'enfant est un symbole unificateur qui concilie les opposés. Il est le messager de la guérison, celui qui fait un tout. »*

**Carl Gustav Jung**

## Pourquoi un nouveau livre sur les peurs ?

Les peurs ont fait l'objet de nombreuses recherches et publications essentiellement dans deux directions. La première, analytique, s'est attachée à éclairer et à comprendre l'origine des peurs en explorant l'inconscient ; la seconde, cognitive et comportementale, a proposé de dominer les peurs en comprenant leur fonctionnement et en les affrontant régulièrement.

Une personne sur deux souffre de peurs excessives. La peur est une émotion centrale. Elle agit comme un système d'alarme émanant du cerveau limbique ou cerveau émotionnel. Il existe un véritable circuit cérébral de la peur[1]. En premier lieu, c'est le noyau de l'amygdale, siège de la mémoire inconsciente des peurs, qui est alerté par les sens, puis, le noyau de l'hippocampe évalue cette alarme et la compare avec les expériences antérieures. Enfin, le cortex préfrontal régule les réactions automatiques de peur et, en tenant compte d'informations sensorielles, émotionnelles, personnelles et culturelles, fait des choix. On attribue aujourd'hui les peurs excessives à une suractivité de l'amygdale.

L'émotion de peur est ainsi une combinaison complexe entre des mécanismes biologiques et des souvenirs. La peur s'insère dans une histoire, une situation ou un scénario. L'émotion est biographique (selon la théorie du psychologue américain Silvan Tomkins, l'affect est biologique, le sentiment est psychologique et l'émotion est biographique).

Ce livre, *J'arrête d'avoir peur*, explore une voie inédite qui appréhende les peurs sous un jour nouveau en s'appuyant sur des idées novatrices peu ou mal connues du grand public.

## La vie est relation

En 2007, le physicien américain Graham Fleming et son groupe de recherche de l'Université de Californie et du Berkeley Lab ont démontré que la photosynthèse (processus bioénergétique qui permet aux plantes et à certaines bactéries de synthétiser de la matière organique en exploitant la lumière du soleil), l'un des processus les plus fondamentaux de la vie, n'est pas régie par un élément précis mais par une relation entre des molécules. Cette découverte confirme que la vie sous toutes ses formes s'articule comme un système stimulé par de nombreuses relations[2].

Le film de fiction *Avatar* de James Cameron a connu un succès phénoménal. Il décrit Pandora, une planète où tous les êtres, plantes et animaux vivent en symbiose, connectés comme dans un vaste réseau neuronal. Les autochtones, les Na'vis, sont menacés par l'exploitation minière lancée par des humains avides. Avec l'aide de toutes les espèces vivantes, les Na'vis réussissent à sauver leur monde. Comme sur Pandora, la planète Terre est un organisme où les différentes formes de vie sont interconnectées, et où la vie est un processus coopératif.

Penser la vie comme une relation, c'est expérimenter que tout est en lien. Quand j'ai peur, mon émotion n'est pas uniquement individuelle. Je suis sensible aux émotions d'autrui qui peuvent influencer mon ressenti et mes actions. Mes émotions sont aussi liées à mes comportements et à mon environnement.

Sous le joug de la peur, l'individu n'est plus en contact avec ses pleines capacités. Sa vitalité s'affaiblit tant la peur est énergétivore. Elle atténue le lien, la relation avec soi-même et avec les autres.

## Le cerveau est empathique et social

L'être humain est particulièrement sensible à tout ce qui l'entoure. Cette capacité est directement liée aux neurones miroirs[3] qui jouent un rôle essentiel dans les relations. Ils permettent de ressentir de la sympathie, de l'empathie et de la compassion pour l'autre. Il y a peu, il a été démontré que ces neurones, que l'on croyait localisés uniquement dans la zone préfrontale, sont en réalité présents dans tout le cerveau.

Ces neurones ont une place cruciale dans le développement de l'enfant. Durant les trois premières années de sa vie, l'enfant utilise son cerveau empathique pour créer un lien solide avec ses parents. Un attachement sain, c'est-à-dire nourri de soins et d'amour, lui offre la possibilité de cultiver la sécurité, la confiance et le courage pour s'aventurer dans le monde. *A contrario*, lorsqu'un enfant manque d'attention et de tendresse, il s'établit une relation blessante et peu sécurisante avec le parent. Ses neurones miroirs lui font alors adopter les sentiments négatifs que son parent peut éprouver.

L'attachement de l'enfant à ses parents est la première expérience relationnelle. Elle sert toute la vie de modèle interpersonnel. Si j'ai vécu auprès d'une mère craintive, je serai davantage insécurisé. Dans mes relations, je serai alors plus sensible à une personne qui me paraît sécurisante ou au contraire qui génère en moi de l'appréhension ou de la crainte. Cette première matrice relationnelle influence grandement les relations futures.

La relation à l'autre, pour laquelle notre cerveau est particulièrement doué, est une opportunité d'exprimer ce qui est juste, sain et bon pour soi. Les plus grandes peurs sont liées à l'autre (à ce qui est en jeu avec l'autre) et à la difficulté d'être vraiment soi au milieu des autres. Aujourd'hui, pourquoi se priver de l'apprentissage de la relation alors que tout indique que l'on s'épanouit dans la culture de la relation, dans la manière de se connecter à soi, à l'autre et au monde.

## La psyché est multiple

Dans la vie quotidienne, chacun a une image réductrice de son fonctionnement psychique. Lorsque je m'exprime, mon *je* semble m'engager personnellement et entièrement. Quand j'ai peur, c'est moi qui ai peur et tout mon être le ressent. Cette perception répond au besoin de se croire entier et unifié, pourtant la psyché est multiple.

Le psychisme s'appuie sur la relation. Il est constitué de nombreuses parties qui agissent telles des personnes indépendantes avec leurs propres émotions et leurs propres motivations. Elles ont des conversations intenses traduisant des relations détendues ou conflictuelles. Ce n'est pas le symptôme d'un trouble de l'identité. La psyché est un système constitué de nombreuses sous-personnalités en interrelation constante. La peur appartient à ce système.

Au centre de cette multiplicité psychique, il existe une instance supérieure, le Soi*. C'est le pilote intérieur. Il peut communiquer avec l'ensemble et choisir en conscience une façon de ressentir, de percevoir, de décider et de vivre plus harmonieuse. Le pilote intérieur ne connaît pas la peur et ne la connaîtra jamais. C'est une ressource fondamentale pour apprendre à surmonter ses peurs.

## Au cœur de chacun vit toujours un enfant

Beaucoup restent persuadés que l'enfance n'est qu'un stade du développement et appartient au passé. C'est une idée partielle largement répandue. Elle sous-entend que l'être humain doit grandir pour être mature et intelligent. Dans cette vision, l'enfant apparaît comme un être immature et infantile requérant des principes éducatifs pour être « corrigé » et « amélioré ». Pour le pédopsychiatre Michel Lemay, « il faudra peut-être encore du temps pour le voir autrement qu'un sous-palier de l'adulte [...] comme un sujet inachevé devant parcourir un ensemble de stades pour parvenir à la maturité adulte[4] ». Dans l'enfance s'expriment déjà de nombreux aspects du véritable moi.

Le médecin et pédagogue italien Maria Montessori rappelle que l'âge adulte et l'enfance « sont deux formes différentes de vie humaine, qui se déroulent simultanément et qui exercent l'une sur l'autre une influence réciproque[5] ». Pour mieux comprendre cette proximité avec l'enfance, il est nécessaire d'abandonner la vision linéaire du développement humain. Cette perception est celle d'une vie qui se déroule sur une ligne du temps depuis la naissance dans le passé vers un point d'arrivée dans le futur :

Naissance ➡ Petite enfance ➡ Enfance ➡ Adolescence ➡ Âge adulte

Le développement de l'être humain est en réalité plus proche d'un modèle concentrique à la manière d'un arbre qui garde en son cœur ses différents âges repérables par des cernes[6].

À chaque stade de son développement, l'enfant sain possède naturellement une intelligence émotionnelle et morale innée. Il a bien sûr des besoins essentiels mais est doté de pouvoirs créatifs spécifiques. Il s'épanouit dans le soutien, la sécurité, l'amour et la liberté. Dans ce modèle, l'enfant est le cœur de notre être.

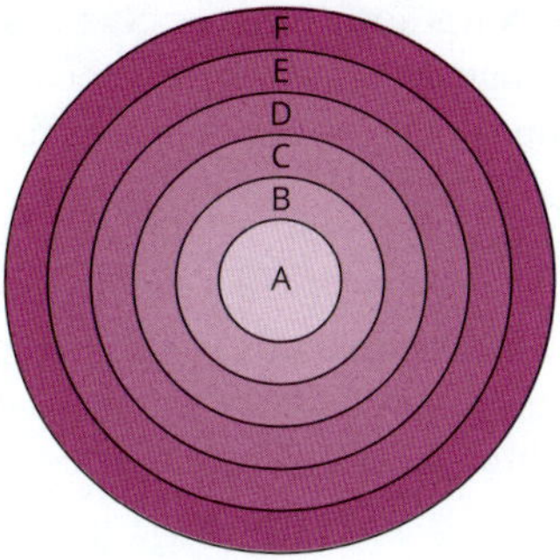


A. Nourrisson intérieur (de 0 à 9 mois)
B. Bambin intérieur (de 9 mois à 3 ans)
C. Enfant préscolaire intérieur (de 3 à 6 ans)
D. Enfant scolaire intérieur (de 6 à 13 ans)
E. Adolescent intérieur (de 13 à 18 ans)
F. Jeune adulte (de 18 à 26 ans)

L'enfant intérieur* conserve la mémoire de l'expérience de petit être humain avec son génie naturel et ses blessures. Le drame de cet enfant intérieur est qu'il soit forcé de s'exiler pour laisser la place à un enfant de plus en plus adapté à des contraintes familiales, sociales et culturelles. Toutefois, l'enfant intérieur reste éternellement présent au cœur de chacun. Il attend les retrouvailles avec l'adulte.

Renouer des liens empathiques avec cet enfant s'avère crucial pour se libérer de la peur, vivre des relations plus libres et plus authentiques et découvrir le Soi*.

## Un programme sur 21 jours

Ce livre vous propose d'intégrer en 21 jours des idées novatrices sur la peur et d'acquérir des bases pour une vie plus sereine. Ce processus n'est pas un ensemble de recettes mais un cheminement, une invitation à faire mieux circuler la vie en soi pour la rendre plus harmonieuse. Grâce aux explications, aux exemples, aux métaphores, aux exercices et aux pratiques, cet ouvrage divisé en sept parties vous invite à expérimenter une vitalité nouvelle :

- dans votre relation avec vos parties psychiques ;
- dans votre relation avec votre enfant intérieur ;
- dans votre relation avec autrui ;
- et dans votre relation avec votre environnement.

Un grand nombre de peurs excessives, souvent souterraines, sont abordées. Vous les trouverez énumérées dans l'index en fin d'ouvrage (voir p. 205). Ce livre offre des pistes pouvant s'appliquer au plus grand nombre. À la fin du premier jour, vous découvrirez un rituel psychocorporel simple et puissant qui vous accompagnera durant tout le processus.

Les mots suivis d'un astérisque sont définis dans le lexique des notions-clés en fin d'ouvrage (voir p. 203).

Tout au long de ces pages, nous partageons avec joie nos propres expériences personnelles et professionnelles sur les peurs. Bien entendu, cela ne remplace pas un suivi thérapeutique qui s'avère, dans certains cas, indispensable.

Fondamentalement, les peurs interrogent :

- Quelle place occupent-elles dans mon monde intérieur ?
- Quelles sont leurs fonctions ?
- Quels messages me délivrent-elles ?
- Quelle relation cultiver avec moi-même et avec les autres pour arrêter d'avoir peur ?

Fritz Perls, psychiatre et fondateur de la Gestalt-thérapie, affirme : « La peur c'est l'excitation sans la respiration. » Toute peur peut être transformée en désir, en mouvement et en occasion d'accomplissement si l'on respire pleinement à travers elle. Elle n'est pas une ennemie. *J'arrête d'avoir peur* expose un cheminement pour apprivoiser cette étrange alliée qu'est la peur.

---

1. Les éléments présentés ici sont une synthèse des mécanismes de peur détaillés par le psychiatre Christophe André dans son ouvrage, *Psychologie de la peur*, Odile Jacob, 2004 (p. 83 à 86).
2. C'est à Ludwig von Bertalanffy, dans les années trente, que l'on doit la théorie générale des systèmes. Elle consiste à aborder un objet d'étude comme un organisme vivant semblable à un corps. L'étude des liens, des relations entre les différents éléments d'un système est au cœur de cette démarche qui s'étend aujourd'hui à de nombreux domaines comme la cosmologie, la physique quantique ou la psychologie.
3. Cette découverte a été présentée pour la première fois en 1997 par Daniel Goleman dans son livre, *L'Intelligence émotionnelle*, J'ai lu.
4. Extrait du livre, *Le Bébé et ses Peurs*, Erès, 2000 (p. 86).
5. Phrase de Maria Montessori citée dans le dernier livre de John Bradshaw, *Découvrir ses vraies valeurs*, Les Éditions de l'Homme, 2004 (p. 146).
6. Ce schéma s'inspire d'un croquis de John Firman dans sa monographie, *Opening to the Inner Child*, 1994 (disponible sur le site internet www.psychosynthesispaloalto.com) et des différents âges de l'enfant intérieur définis par John Bradshaw dans son ouvrage, *Retrouver l'enfant en soi*, Les Éditions de l'Homme, 2004.

# Préparation au processus

*« En parlant de l'enfant, il devrait être question*
*de l'enfant à l'intérieur de l'adulte.*
*Cet enfant est vivant, cet enfant est éternel ;*
*il est en devenir constant, jamais accompli.*
*Il demande un soin particulier, une attention et une éducation.*
*C'est la partie de la personnalité humaine*
*qui aimerait développer son intégrité. »*

**Carl Gustav Jung**

Avant d'entamer la lecture de cet ouvrage, nous vous proposons de faire dès maintenant une auto-évaluation de vos peurs et un bilan de votre relation avec votre enfant intérieur.

## Repérer la nature de ses peurs

### Quelques témoignages éloquents

Karine : « Le matin, je me réveille l'angoisse au ventre. Je me recroqueville dans mon lit et je n'arrive pas à en sortir. J'ai envie de vomir. Je suis habituée. Parfois, je me dis même que j'aime cet état. »

Patrick : « Dans certaines situations professionnelles, j'ai envie de fuir, de partir loin, de hurler. Je ne comprends pas pourquoi. Si je me laisse aller, je vais m'effondrer. Mes mains tremblent. Puis je redeviens le professionnel froid et distant avec mes collègues. C'est le seul moyen que j'ai trouvé pour me ressaisir. »

Géraldine : « Je suis trop dans mon mental. J'imagine des scénarios abracadabrants, une mauvaise nouvelle, la perte d'un être aimé ou d'un objet précieux, une réaction imprévisible chez l'autre… »

Florence : « Je ressens toujours la même impuissance. Je me répète continuellement : je n'y arriverai pas ! C'est la peur qui me hante le plus. »

Alain : « J'ai souvent une boule dans la gorge. Elle me serre parfois comme un étau et descend jusqu'à l'estomac. Mes émotions sont bloquées. Je suis triste ou en colère sans vraiment savoir pourquoi mais rien ne sort. »

Le premier pas pour surmonter sa peur, son angoisse ou son stress, c'est de déterminer la nature de ses réactions. Avant même d'en explorer les causes, mettre des mots sur l'expérience de peur est primordial. L'être humain est un être de langage. Les sensations, émotions, pensées et mots structurent ce langage. La peur est aussi un affect central, un mécanisme biologique qui se déploie dans le corps pour se convertir en de multiples composantes.

## Les composantes de la peur

Nous vous proposons une autoévaluation pour identifier les composantes principales de vos peurs. Les symptômes non exhaustifs cités ci-dessous vous permettront de définir la ou les composantes de vos peurs. Cochez les symptômes que vous reconnaissez puis évaluez l'intensité de la composante : faible, moyenne ou forte.

**Composante physiologique**

**Faible – Moyenne – Forte**

Je ressens dans mon corps :

- ❑ Gorge serrée
- ❑ Mains moites
- ❑ Tachycardie (rythme cardiaque rapide)
- ❑ Bouffées de chaleur
- ❑ Envie d'uriner fréquente
- ❑ Tensions musculaires
- ❑ Autres : ...
- ❑ Sécheresse de la bouche
- ❑ Gêne abdominale
- ❑ Épuisement
- ❑ Frissons
- ❑ Étourdissements
- ❑ Tremblements

**Composante comportementale**

**Faible – Moyenne – Forte**

Mon comportement est le suivant :

- ❑ Je fuis la personne, l'objet ou la situation
- ❑ Je n'arrive pas (ou j'ai du mal) à parler
- ❑ Je cris ou je sursaute sans me contrôler
- ❑ Je suis agressif(ve) en paroles et/ou en actes
- ❑ Je remets au lendemain (procrastination)
- ❑ Je bouge beaucoup (mains, bras, jambes, mouvements du corps)
- ❑ J'accumule des objets et j'encombre mon espace de vie
- ❑ Autres : ...
- ❑ Je suis anéanti(e) ou sidéré(e)
- ❑ Je n'arrive pas à bouger (ou très difficilement)
- ❑ Je suis terrifié(e)
- ❑ Je panique
- ❑ Je suis irritable

| Composante sensitive<br>Faible – Moyenne – Forte | |
|---|---|
| J'ai une sensation :<br>❑ de vertige<br>❑ d'instabilité<br>❑ d'impatience<br>❑ de rapidité<br>❑ d'évanouissement<br>❑ d'oppression | ❑ d'irréalité<br>❑ de dépersonnalisation<br>❑ d'avoir la tête vide<br>❑ de perdre le contrôle<br>❑ de devenir fou/folle<br>❑ Autres : ... |

| Composante psychologique<br>Faible – Moyenne – Forte | |
|---|---|
| J'ai des pensées et des sentiments récurrents :<br>❑ J'ai honte<br>❑ Je suis timide<br>❑ J'imagine des situations inquiétantes<br>❑ J'imagine mes réactions face à une personne ou dans une certaine situation<br>❑ Je focalise ma peur sur le même objet, la même situation, la même chose...<br>❑ J'attends l'autorisation ou l'approbation des autres<br>❑ J'ai des manies ou des objets dont je ne peux pas me séparer<br>❑ Autres : ... | ❑ Je doute de moi<br>❑ Je me sens nul(le), incapable ou incompétente(e)<br>❑ J'ai du mal à prendre une décision |

## Les différents visages de la peur

La peur est une famille nombreuse et ancienne dont voici quelques membres éminents :

- L'angoisse est une peur diffuse et intense sans objet précis. Elle apparaît en général comme une appréhension de « quelque chose » qui pourrait advenir dans une tension effrayante et souvent sans nom. C'est une impression de mort imminente. La composante sensitive prédomine (sensation d'oppression et de resserrement au niveau du corps). La crise d'angoisse est une succession de plusieurs symptômes dans un temps restreint (environ dix minutes).
- L'anxiété est une peur anticipée : « Elle est le vécu associé à l'attente, au pressentiment, ou à l'approche du danger[1]. » C'est un stade au-dessous de l'angoisse. Elle peut être chronique dans une inquiétude durable avec une forte composante physiologique.

- La phobie est une peur déclenchée par un objet précis, ou une situation spécifique, associé directement au danger. Les composantes psychologiques et comportementales sont très présentes.
- Le stress est une peur handicapante quand il est permanent. Ses caractéristiques psychologiques et sensitives sont marquées. Le stress est la conséquence de perceptions et d'évaluations déformées lors d'une situation.
- Les peurs souterraines* sont légion. Elles se cachent derrière l'angoisse, l'anxiété, la phobie et le stress. En restant dans l'ombre, elles paralysent une grande partie de l'élan vital et créatif. Vous trouverez ci-dessous une typologie de ces peurs souterraines que vous découvrirez au fil de cet ouvrage :

– les peurs-verrous avec, par exemple, la peur de perdre le contrôle (partie 1) ;
– les peurs d'adaptation avec, par exemple, la peur du ridicule (partie 2) ;
– les peurs enfantines avec, par exemple, la peur du noir (partie 3) ;
– les peurs relationnelles avec, par exemple, la peur d'être rejeté (partie 4) ;
– les peurs fondamentales avec, par exemple, la peur d'être séparé (partie 5).

Les peurs souterraines, à l'inverse des peurs saines liées à la survie et à la précaution, sont fantasmatiques.

### Le cerveau non-conscient

Les dernières recherches ont démontré que le cerveau fonctionne à 100 % de ses capacités, jour et nuit, depuis la naissance jusqu'à la mort. Plus incroyable encore, seul 1 % de cette activité est consciente ! Elle est destinée aux capacités cognitives et motrices (penser, voir, sentir, se souvenir, bouger, décider, agir...). Avec les 99 % d'énergie restante, l'activité non-consciente du cerveau « consolide, confirme, infirme, corrige ou reformate les réseaux neuronaux[2] ». Chacun a une vision de lui-même et du monde intégralement filtrée et interprétée par une activité cérébrale non-consciente !

Le travail sur les peurs souterraines offre une opportunité de remodeler ses croyances, de changer ses perceptions et d'agir différemment. Votre cerveau est neuroplastique. Il est, à votre insu, le siège de transformations permanentes. Il n'y a aucune raison pour que vous ne puissiez pas amadouer vos peurs.

# Découvrir l'enfant intérieur

## L'histoire du concept d'enfant intérieur

En 1990, nous avons créé les groupes Cœur d'enfant pour accompagner chacun à renouer avec son enfant intérieur. À l'époque, notre démarche était le plus souvent incomprise. Pour la plupart des personnes, l'idée de l'enfant en soi paraissait saugrenue, ou pire infantile et régressive. Aujourd'hui des travaux neuroscientifiques viennent valider l'importance et l'efficacité de cette approche psychothérapeutique. Certains réseaux de neurones du cerveau humain ont un fonctionnement émotionnel, intuitif, symbolique, imaginatif, hors du temps et de l'espace. La métaphore de l'enfant intérieur* les mobilise et aide à réintégrer de nombreuses caractéristiques du potentiel perdu de l'enfance.

La notion d'enfant intérieur s'appuie sur les travaux du psychiatre suisse Carl Gustav Jung sur l'« enfant divin ». Cette idée-force peuplant l'inconscient collectif symbolise une promesse d'accomplissement du Soi*. Jung affirme : « Le plus petit en toi est la source de la grâce[3]. » Dans sa lignée, le neuropsychiatre italien Roberto Assagioli rappelle, dans les principes de la Psychosynthèse, que l'enfant intérieur est le véritable cœur du Moi. Dans les années soixante et soixante-dix, la notion se développe aux États-Unis. Le psychiatre américain Éric Berne établit, avec l'Analyse Transactionnelle, une théorie de la personnalité et de la communication fondée sur les trois « états du Moi » : Adulte, Parent et Enfant. En 1979 l'ouvrage fondamental du Docteur en psychologie suisse Alice Miller, *Le Drame de l'enfant doué*, prend la défense du vécu de l'enfant que l'on a été. Tous ses ouvrages élaborent des théories capitales pour prendre en compte l'enfant intérieur blessé. Dans les années quatre-vingt, les travaux des psychothérapeutes américains Hal et Sidra Stone sur les sous-personnalités popularisent l'enfant intérieur. En 1990, John Bradshaw, célèbre psychologue américain (qui a préfacé notre premier livre *S'ouvrir à son cœur d'enfant,* voir bibliographie p. 207), devient l'un des pères de la notion d'enfant intérieur. Ses travaux sur la famille, la honte toxique et les différents âges de l'enfant en soi sont fondamentaux.

Aujourd'hui, dans nos recherches et dans notre pratique, nous distinguons clairement l'enfant adapté* de l'enfant intérieur. Cette distinction rend beaucoup plus opérants les processus de guérison psychique.

L'enfant adapté est un faux-moi* qui contamine l'adulte. L'enfant intérieur créatif invite chacun à exprimer ses caractéristiques naturelles comme la créativité, l'amour, la spontanéité, la joie, la liberté, le jeu, la libre expression des émotions... L'enfant intérieur blessé est le petit être fragile et apeuré qui vit en exil au cœur de chaque être. Il exhorte l'adulte à devenir empathique et compatissant pour lui-même. La majorité des peurs souterraines appartient à l'enfant adapté qui prend trop de place et étouffe l'enfant intérieur.

## Faites le bilan de votre relation avec votre enfant intérieur

Voici une série d'affirmations auxquelles vous répondrez par oui ou par non sans réfléchir. Si vous hésitez, choisissez la réponse qui s'est imposée en premier :

- Je ressens de la peur ou de l'anxiété face à la nouveauté.
- Je cherche à plaire aux autres.
- Je suis régulièrement en conflit avec d'autres personnes.
- J'évite le plus possible les conflits.
- Je garde tout et je ne jette rien dans mon lieu de vie.
- Je suis obsédé(e) par l'ordre et la propreté.
- Je ne me sens pas souvent à la hauteur.
- J'ai tendance à vouloir prouver ma valeur aux autres.
- J'ai peur des gens et je préfère être seul(e).
- Je n'aime pas être seul(e) et j'ai besoin d'être entouré(e).
- J'ai peur d'être abandonné(e).
- Je ne connais pas (ou très peu) mes besoins.
- J'ai du mal à me décider, à faire un choix.
- Je suis un(e) grand(e) inquiet(ète).
- Je dis très souvent oui.
- Je dis très souvent non.
- J'ai peur de ressentir mes émotions et mes sentiments.
- J'ai peur d'exprimer mes émotions et mes sentiments.
- Je veux être le(la) plus compétitif(ve) possible.
- J'ai peur de me tromper, de faire une erreur.
- Je passe beaucoup de temps à analyser ce que disent les autres.
- Je mens régulièrement, même pour des choses sans importance.
- J'ai peur des personnes autoritaires.

- Je ne supporte pas les personnes autoritaires et je me confronte à elles.
- J'ai souvent honte de moi, de mes pensées, de mes sentiments ou de mes émotions.

C'est le moment du bilan. Si vous avez répondu oui à cinq (ou plus) de ces questions, ce livre s'adresse tout particulièrement à vous. Vos comportements sont dictés par des peurs dont vous n'êtes pas forcément conscient. Votre enfant intérieur est depuis trop longtemps en exil. Ne vous inquiétez pas. C'est le cas d'une majorité de personnes. Vous allez découvrir comment dépasser vos peurs et prendre soin de votre enfant intérieur.

Nous vous souhaitons de belles aventures au fil de cet ouvrage.

---

1. Christophe André, *op. cit.* (p. 27).
2. Boris Cyrulnik, Pierre Bustany, Jean-Michel Oughourlian, Christophe André, Thierry Janssen, *Votre cerveau n'a pas fini de vous étonner*, Albin Michel, 2012 (p. 130 et 131).
3. Carl G. Jung, *Le Livre rouge – Liber novus*, L'Iconoclaste/La Compagnie du livre rouge, 2011 (p. 300).

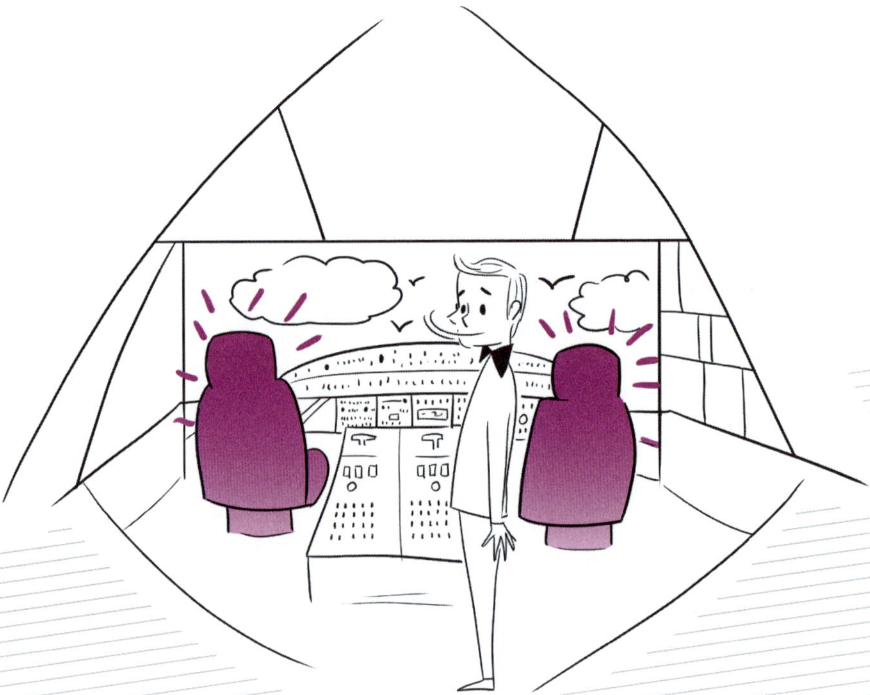

PREMIÈRE PARTIE

# La peur
## et ses symptômes

« On vit parfois sous l'emprise diffuse d'une peur excessive qui génère des symptômes véritablement paralysants et énergétivores (phobies, troubles obsessionnels-compulsifs, anxiété ou angoisses) qui cachent des peurs-verrous. »

# JOUR 1

# Y a-t-il un pilote dans l'avion ?

## Soulever le voile de la peur

*« La peur est une brume de sensations. »*

**Jules Renard**

**Y a-t-il un pilote dans l'avion ?**

Vous êtes confortablement installé dans un avion. Vous jouissez d'un voyage sans histoire et les hôtesses de l'air sont aux petits soins pour vous. Comme le vol est un peu long, vous décidez de vous dégourdir les jambes. Vous marchez tranquillement vers l'avant de l'appareil quand un détail vous interpelle. La porte de la cabine de pilotage est entrouverte. Vous hésitez un instant... Vous approchez pour jeter un coup d'œil à l'intérieur. Une occasion, vous dites-vous, de découvrir un espace interdit aux passagers ! Malheureusement, cette vision vous panique totalement. Il n'y a personne. Le siège du commandant est vide. Le commandant n'est pas à sa place ! De nombreux voyants clignotent et des signaux sonores légèrement stridents envahissent l'habitacle confiné du cockpit. Il vous semble même que l'appareil pique du nez. Votre corps se raidit et vous sentez des gouttes de transpiration sur votre front. Instinctivement, vous détournez le regard. Une idée jaillit : « Fuir, je dois fuir. » Mais l'évidence s'impose ; vous êtes enfermé dans un avion et il n'y a aucune issue. Une sensation d'étouffement vous envahit. D'un seul coup, tout s'effondre. Vous retournez vous asseoir, hagard, perdu en vous-même. Une hôtesse de l'air vous sourit et vous murmure quelques mots que vous n'entendez pas...

Cette métaphore décrit une réalité psychique. Elle illustre ce que chacun peut vivre, à des niveaux plus ou moins importants, sous l'emprise d'une peur excessive.

## La peur, un joyau qui préserve la vie

La peur est une émotion éprouvée face à un danger réel ou imaginaire. Cette émotion est universelle et existe chez tous les êtres vivants. Ce n'est pas le cas pour d'autres émotions comme la joie ou la tristesse. Sa fonction première vise la protection. La peur saine est le joyau qui préserve la vie.

Le psychologue Marc Spund souligne que la peur « est à l'esprit ce que la douleur est au corps[1] ». Le corps occupe une place centrale dans le processus émotionnel. La cascade émotionnelle déclenchée par un stimulus génère des réactions physiologiques (sueurs, tremblements, etc.) et des comportements de sidération, de fuite ou d'attaque. Ce sont ces bouleversements corporels qui nous informent de la présence de l'émotion. Le passager de l'avion croit capter par les signaux de son corps que quelque chose ne va pas. Autrement dit, ce sont les symptômes de l'émotion qui servent de repères pour évaluer le niveau de danger.

## Le symptôme ne dit pas la vérité

Le symptôme est réel mais il ne dit pas la vérité. Dans la métaphore « Y a-t-il un pilote dans l'avion ? », le passager est sûr qu'il est en danger. Son corps semble l'informer que l'émotion de peur est justifiée. Ses sens lui disent que le commandant est absent. Pourtant, il n'en est rien.

Nécessaire à toute survie, la peur est omniprésente. Elle attend des occasions de se réveiller. Par ailleurs, le système archaïque de survie reste sensible à certaines situations. Ainsi pour lui, voler n'est pas naturel. Dans un avion, un grand nombre de personnes sont en hyper vigilance sans même s'en rendre compte.

Lorsque le passager regarde à l'intérieur du cockpit, sa peur inconsciente est déjà active. Elle trouble sa vision et sa perception du réel. Persuadé d'être en danger, il devient sourd et aveugle à ce qui l'entoure. Il n'entend pas l'hôtesse qui lui dit : « Le commandant s'est absenté pour quelques instants. Vous avez pu parler au copilote dans la cabine ? » À ces mots, il aurait pu comprendre sa méprise.

Les symptômes de la peur envahissent le corps. Ils informent de la nature et de l'intensité de l'émotion. Ils mettent en alerte notre système de survie. Pour autant, les symptômes ne traduisent pas forcément la réalité du danger.

### Les racines inconscientes

Toutes les peurs ont des racines inconscientes. Une peur excessive est le résultat d'un contenu inconscient qui remonte à la surface. Cette irruption amplifie en amont les sens qui sont de puissants stimuli.

La peur crée de véritables hallucinations visuelles, auditives et sensitives. Elles démultiplient ou engourdissent les sensations et les perceptions. En apprenant la vérité, le passager de l'avion s'exclame : « C'est incroyable, je n'ai pas vu le copilote ! Pourtant j'ai bien regardé. » Tout un chacun vit des situations où ses sens le trahissent. Ces hallucinations précèdent la prise de conscience de la peur. Elles accentuent l'intensité et la validité de l'émotion.

Nombreux sont ceux qui vivent sous l'emprise de grandes peurs et restent piégés à ce stade. L'irruption d'un contenu psychique inconscient est le propre de la peur excessive.

### La peur est biographique

La peur est une invitation à éclairer son histoire. N'oubliez pas que la peur est biographique. Elle est indissociable de vos vécus antérieurs. Il est nécessaire de dépasser vos symptômes et de découvrir votre histoire dissimulée derrière la peur.

Lorsque les symptômes vous mentent sur la réalité du danger, vous pensez aussitôt que votre peur est ridicule et inutile. C'est un tort. La peur retentit avec des pans entiers de votre histoire restée dans l'ombre. Les sentiments non exprimés, les besoins non comblés et les situations non digérées de votre passé sont le terreau de la peur. Elle limite votre perception de la réalité.

Dans l'ignorance d'une partie de sa vérité intérieure, on vit tous potentiellement sous l'emprise de peurs muettes, de peurs qui ne sont pas entendues au-delà de leurs symptômes.

### L'alarme psychocorporelle

Catherine, célibataire de 40 ans, exprime ainsi son problème : « Je veux aller au mariage de ma sœur mais tout est très compliqué pour moi. J'ai très peur de m'y rendre. J'ai de nombreuses manies qui me perturbent trop. J'aimerais guérir mais tout cela est plus fort que moi. » Catherine souffre de nombreux troubles obsessionnels compulsifs (TOC) qui handicapent son quotidien. Les TOC sont des troubles du comportement associés à des angoisses ; ils se caractérisent par des idées fixes qui parasitent la pensée et obligent à mettre en œuvre des actions compulsives. Elle se lave très fréquemment les mains. Dans l'entrée de son appartement, elle a organisé un petit sas pour se dévêtir et empêcher tout contact entre l'extérieur et son intérieur. Ses troubles ont tous en commun une peur panique de la saleté et de la contamination. Ses objets précieux sont enfermés dans de petits sacs en plastique régulièrement désinfectés. Bien entendu, tous ses maux ont des répercussions dramatiques sur ses relations avec les autres. La moindre sortie est accompagnée de nombreux rituels de préservation. Catherine vit constamment sous l'emprise de symptômes sévères et de peurs irrationnelles.

Elle décide finalement d'aller au mariage de sa sœur et de faire face à ses peurs. À son retour, la situation s'est aggravée. Son corps et son esprit « hurlent » littéralement. Tous ses maux ont empiré. À l'image des voyants lumineux et des signaux sonores de l'avion, ses réactions sont une forme d'alarme psychocorporelle. Son corps semble lui dire qu'elle n'a jamais été autant en danger. Elle se sent perdue et s'inquiète pour son avenir.

### Le château de cartes

Désespérée, Catherine accepte un nouveau protocole qui consiste à ne plus s'occuper de ses symptômes. Lorsqu'un trouble compulsif apparaît, elle apprend à se dire à voix haute : « Ce symptôme a sans doute une raison d'être que j'ignore mais je choisis de communiquer avec la peur elle-même. »

Le psychiatre américain Jeffrey M. Schwartz, célèbre pour ses recherches dans le domaine de la neuroplasticité et de son application aux troubles obsessionnels compulsifs, rappelle qu'au-delà de la pensée obsessive, une partie de la psyché sait, connaît la vérité. Il a démontré que des pratiques visant à se concentrer sur sa respiration permettent de mieux ordonner ses pensées et de se diriger vers un comportement plus constructif.

L'intention a un pouvoir de transformation sur le cerveau ; elle génère de nouvelles connexions neuronales, un re-câblage libérant l'esprit de la peur, de l'obsession et de la compulsion[2].

En se concentrant sur la partie en elle pleine de ressources, Catherine, en thérapie, a pu entendre les messages de sa vérité intérieure et transcender ses souffrances d'enfant. Elle avait vécu toute son enfance dans la peur. Les comportements maltraitants de ses parents l'avaient durablement blessée. Pour fuir cette souffrance, elle avait érigé une série de murs entre elle et ses ressentis enfantins. En traversant ses différentes peurs au-delà des symptômes, elle a libéré en l'espace d'une année un véritable magma émotionnel de peur, de colère et de tristesse.

Le résultat fut spectaculaire. Un à un, ses troubles obsessionnels-compulsifs s'effondrèrent comme un château de cartes. Les symptômes de peur sont bien réels, mais ils disparaissent le plus souvent quand le message derrière la peur est entendu. En lâchant le symptôme, chacun peut soulever le voile de la peur en acceptant de révéler, de revivre et de traverser ce qui ne l'a pas été dans son passé.

## Écouter son pilote intérieur

*« C'est pendant l'orage qu'on connaît le pilote. »*

**Sénèque**

### L'autorégulation

La psyché est « un système autorégulateur qui maintient son équilibre tout comme le fait le corps[3] ». La psyché et le corps sont des univers d'auto-guérison très sophistiqués. La peur fait partie de ce système. Même avec des symptômes handicapants, la peur imaginaire est un appel à une régulation du système intérieur. Elle appartient (tout comme les autres émotions) à une forme d'intelligence préverbale et préconsciente. Dès lors, ce qui compte, c'est moins de guérir du symptôme (même si ce désir est compréhensible et légitime) que d'éclairer les relations au sein du système psychique, lui-même en interrelation avec des systèmes extérieurs comme la famille, le milieu professionnel, le cadre de vie, etc. Dans notre pratique psychothérapeutique, nous ne traitons jamais directement les peurs mais nous abordons le système en entier. La guérison du symptôme (TOC, phobie, stress, etc.) n'est que le résultat visible d'un changement systémique sous-jacent. Tous les exemples cités dans ce livre en sont le témoignage vivant. Notre démarche est semblable pour le traitement des dépendances.

### Un baromètre de la vivance

Revenons de nouveau à Catherine. En témoignant récemment sur son parcours, elle fut surprise par les remarques de ceux qui l'entouraient : « C'est un miracle que toutes tes peurs aient disparu », « Je pensais que cela prenait des années pour guérir un TOC », etc. Catherine prit conscience pour la première fois qu'elle s'était transformée. La disparition de ses symptômes la réjouissait mais le plus important pour elle n'était pas là. Le changement radical était d'avoir recouvré un équilibre dynamique et naturel où elle prenait soin d'écouter sa vérité intérieure derrière ses peurs.

Coupé de son intériorité et d'un contexte relationnel sain, on fuit les messages transmis par ses peurs en se focalisant sur l'éradication des symptômes. Cette forme de lutte contre soi mène rarement à la guérison réelle. Les peurs, et plus généralement les émotions, encouragent à devenir des êtres plus conscients et plus vivants. C'est pourquoi la peur est l'un des baromètres de la vivance*, de « cette qualité d'être qui nous habite et dynamise le potentiel de vie qui est en chacun[4] ».

Lorsque la peur s'exprime sous des formes excessives, elle avertit que le paysage intérieur est sclérosé. Les symptômes agissent comme des compensations face à l'absence d'un pilote capable de rééquilibrer l'appareil psychique.

### Première peur-verrou : la peur de perdre le contrôle

La vie, sous ses multiples formes et ses innombrables expériences, fait peur. Oui, la vie fait peur ! Pour faire face aux aléas de la vie, on ne prend pas le temps d'écouter profondément les réponses qui proviennent de l'intérieur. On tente de contrôler sa vie. La volonté de combattre les symptômes répond à cette même logique. C'est une tentative de retrouver le pouvoir sur soi. Si ce désir est naturel et légitime, il peut pourtant nourrir une illusion, celle de croire que la peur peut à jamais disparaître.

En envisageant le psychisme comme un système interconnecté, on peut mieux comprendre que la peur est un appel. Des événements oubliés, des souffrances cachées, des besoins ou des désirs niés ressurgissent tôt ou tard. Tout cela fait peur ! On craint alors de perdre pied. Les symptômes des peurs plongent dans l'impuissance et nourrissent la peur de perdre le contrôle.

Cette peur de perdre le contrôle agit comme une bombe fumigène pour s'éloigner de son monde intérieur. C'est un puissant verrou qui aggrave souvent les symptômes. L'anxiété, les angoisses et le stress sont autant de symptômes de la peur de lâcher-prise. En se détournant du symptôme qui déforme la peur, le regard se pose à l'intérieur, là où la réponse demeure. La porte est en dedans. Pour chaque serrure, il existe une clé. Toute peur invite à la découvrir.

### Le symbole de l'hôtesse de l'air

Dans la métaphore « Y a-t-il un pilote dans l'avion ? » (voir p. 17), l'hôtesse symbolise une qualité particulière de la conscience qui s'installe à distance de l'expérience. Elle offre une capacité de mise en perspective et une vision nouvelle de ce qui se vit en soi. Chacun en fait l'expérience lorsque, face à un événement difficile de la vie, il reste serein et en capacité de faire au mieux.

Cette voix est parfois semblable à un murmure au milieu de la cacophonie du mental. Il est souvent difficile de l'écouter et de l'entendre. Les dernières paroles de l'hôtesse de l'air signifiaient : « N'ayez pas d'inquiétude, il y a bien un pilote. Faites-lui confiance. »

Lorsqu'on a peur, on a le sentiment de perdre le contrôle sur soi. Cette situation inconfortable est révélatrice des limites et de la nature imparfaite de l'être humain. Toutefois la peur est aussi une formidable initiatrice, à condition que l'on fasse taire le mental pour découvrir son véritable pilote intérieur.

La traversée des nombreuses peurs qui parsèment le chemin d'une vie demande du lâcher-prise et de l'acceptation, qualités essentielles pour se découvrir au-delà de ses apparentes limites.

J'ARRÊTE D'AVOIR PEUR !

## Pratique du jour : Rituel psychocorporel

Le rituel suivant est à la fois simple et puissant. Il permet de faire taire le mental et d'écouter son pilote intérieur. Durant les 21 jours du processus, vous pourrez l'effectuer à chaque fois que vous aurez peur. C'est une pratique qui tient compte de nombreux aspects de la peur.

**Phase 1.** Au moment où vous ressentez de la peur, arrêtez-vous et restez immobile un instant. Écoutez les sensations de votre corps même si elles sont particulièrement désagréables. Ne les fuyez pas. Nommez intérieurement ces sensations (par exemple : boule à la gorge, mal de ventre, tremblements, mains moites, etc.) et identifiez votre peur (par exemple : peur du vide, peur de m'exprimer en public, peur de m'évanouir, etc.).

**Phase 2.** Entrez dans la respiration. Prenez cinq grandes respirations en inspirant, en bloquant la respiration cinq secondes puis en expirant complètement.

**Phase 3.** Entrez dans le mouvement. Faites un pas sur votre droite. À cette nouvelle place, ouvrez les épaules, déployez légèrement les bras, les paumes des mains ouvertes vers l'avant.

Constatez les nouvelles sensations qui s'installent dans votre corps. Il est courant qu'un sourire (réel ou intérieur) accompagne cette nouvelle position. Prenez conscience de ce sourire et de l'émotion, sentiment ou désir qui y est associé (par exemple de la joie, un soulagement ou un désir de partager avec l'autre). Accompagnez ces nouvelles perceptions de lentes et profondes respirations. La peur diminue naturellement et laisse place à plus d'énergie et à une meilleure circulation de votre vitalité. Vous serez étonné du changement rapide qui s'opère en vous.

Votre peur et ses sensations désagréables ne disparaîtront peut-être pas totalement mais leur intensité sera moindre. Ne cherchez pas à supprimer la peur ou ses symptômes. Soyez simplement à l'écoute de ce qui est différent. Vous constaterez que la peur ne vous empêche plus d'avancer.

Il est à noter que ce rituel est plus difficile à mettre en pratique lorsque la panique s'empare de vous. Si vous paniquez, prenez un temps beaucoup plus long pour respirer. Ramenez les sensations désagréables dans le corps à un niveau de tolérance acceptable avant d'entrer en Phase 3.

**Phase 4.** Tenez un petit carnet de bord pour retranscrire vos expériences à chaque fois que vous faites ce rituel. Écrivez la date du jour, la peur connectée et ce qui a été différent dans la nouvelle position adoptée.



1. Marc Spund, *Vaincre les peurs et les phobies*, L'Archipel, 2005 (p. 31).
2. Conclusions de Jeffrey M. Schwartz dans, *The Mind and The Brain: Neuroplasticity and The Power on Mental Force*, HarperPerennial, 2003 rapportées par John Bradshaw dans *Découvrir ses vraies valeurs, op. cit.* (p. 108 à 110).
3. Carl G. Jung, *L'Homme à la découverte de son âme*, Albin Michel, 1987.
4. Le terme de « vivance » est utilisé par Jacques Salomé depuis les années 1970. Cette définition qu'il en donne est tirée de son ouvrage, *La Ferveur de vivre*, Albin Michel, 2012 (p. 20).

J'ARRÊTE D'AVOIR PEUR !

# JOUR 2
# Le corps de la peur

## De la sensation à la vérité intérieure

*« Rechercher l'origine d'une souffrance par le biais des manifestations de la peur permet de s'appuyer sur des manifestations physiques très concrètes, facilement identifiables. »*

**Luc Nicon**

### La peur de l'eau, un exemple de phobie

Une peur phobique est le symptôme d'une énergie bloquée. C'est une torsion de la réaction normale de peur. La personne phobique est enfermée dans une carapace qui l'évite de ressentir une souffrance dont l'origine est souvent lointaine et mystérieuse. Il arrive aussi que la phobie soit directement liée à un traumatisme comme l'illustre le témoignage de Nathalie : « Ma peur de l'eau remonte à mon adolescence. C'est à l'âge de treize ans que l'eau est devenue un énorme danger : elle a emporté ma mère et aurait aussi pu m'emporter. Les faits remontent à l'été 1986, c'était le premier jour de congé de ma mère. C'était une belle journée d'août, au grand ciel bleu, il faisait très chaud. Nous sommes allées dans l'eau. Ni l'une ni l'autre ne savions nager. Les seuls souvenirs que j'ai gardés durant vingt-cinq ans, c'est une eau trouble dans laquelle j'étais en totale immersion puis des gyrophares de gendarmerie et le fourgon des pompiers avec ma mère allongée sur le brancard avec un drap blanc qui recouvrait son corps. Les circonstances de cet accident ont immédiatement disparu de ma mémoire. »

Suite à cette tragédie, Nathalie traversa une longue période d'instabilité. Son beau-père, abattu par le deuil, ne réussissait pas à s'occuper d'elle. Elle rencontra son père qui l'avait abandonnée à la naissance. Lors d'un conseil de famille, il fut décidé qu'elle vivrait chez sa tante, la sœur de sa mère décédée. Elle déménagea du jour au lendemain. Durant tout ce temps, elle n'eut aucune explication et personne n'exprima sa tristesse devant elle.

Adulte, Nathalie est devenue en partie insensible aux événements et aux personnes. Handicapée dans l'expression de ses émotions ou de ses sentiments, elle ne parvenait pas à se créer un environnement affectif stable. Sa peur de l'eau occupait une large place dans sa vie. Son traumatisme d'enfance et le silence de sa famille à l'époque lui avaient interdit de vivre pleinement sa peine.

### Traumatisme conscient

Une phobie est une peur attachée à un objet (ou une situation) considéré comme dangereux. La phobie enseigne sur la nature de la peur. Même si elle ne s'exprime pas sous la forme phobique, la peur appartient davantage au monde des représentations qu'à celui des perceptions. Par exemple, Nathalie est devenue « celle qui avait fait mourir sa maman ». Une représentation sert souvent d'écran à tout un contenu sensoriel et émotionnel refoulé. Cela signifie que l'esprit fabrique une image effrayante générant des sensations et des émotions illusoires, non conformes à ce qui a été vécu et ressenti à l'origine.

La phobie utilise un objet ou une situation pour focaliser une part importante de l'angoisse et de la souffrance qui n'a pas pu avoir sa place. La majorité des peurs agit ainsi en créant des représentations, des images sur soi, sur les autres ou sur l'environnement. Cette stratégie de refoulement est, dans un premier temps, nécessaire pour survivre. Mais les sensations et les émotions originelles demeurent en attente d'être vécues et traversées.

L'histoire de Nathalie est révélatrice. Complètement perdue, elle a effectué des recherches sur la vérité de cette terrible journée d'août 1986 : « Le jour où la lettre est arrivée, mon cœur battait fort. J'ai alors découvert le rapport officiel de gendarmerie, le rapport de mon audition de l'époque et le rapport d'un témoin de la scène [...]. J'ai pleuré en lisant mes mots de petite fille de treize ans : "Maman a eu un malaise. Elle s'est évanouie puis en tombant dans l'eau, elle s'est accrochée à ma cheville en m'entraînant sous l'eau." » En comprenant que sa mère était morte d'une hydrocution et que l'intervention d'un témoin lui avait sauvé la vie, sa représentation des événements s'effondra.

Sa culpabilité n'avait plus de raison d'être. Elle pouvait enfin renouer avec l'adolescente toujours présente en elle : « J'ai pu écouter, comprendre et partager la souffrance de la petite Nathalie de treize ans. » Aujourd'hui, Nathalie adore l'eau. Elle prend des cours de natation et se prépare même à accoucher dans l'eau d'une petite fille.

## Traumatisme inconscient

Les phobies, selon leur nature, touchent entre 5 et 25 % de la population et trouvent leur origine dans des angoisses profondes liées à des traumatismes de l'enfance. Elles apparaissent généralement entre sept ans (pour les phobies simples focalisées sur un objet externe) et vingt ans (pour les phobies sociales).

Le lien entre phobie et traumatisme n'est pas toujours évident. Souvent les origines traumatiques sont obscures. Dans le cas de Nathalie l'objet phobique, l'eau, était directement lié à l'événement traumatisant. Plus généralement, l'objet phobique est seulement en rapport symbolique et métaphorique avec le traumatisme. On peut bien sûr chercher à retrouver des événements ou des souvenirs derrière ce langage symbolique mais le risque est alors d'étoffer des représentations qui serviront d'écrans aux ressentis originels.

Il convient de redonner une place primordiale au vécu sensoriel en acceptant qu'« [...] il n'y a rien à vouloir, rien à comprendre, rien à interpréter, juste à ressentir physiquement et se laisser porter par ce ressenti. Il s'agit seulement d'être spectateur en se laissant aller au fil de ses sensations, sans objectif particulier et sans *a priori* sur les images, les sons, les textures, les odeurs et les saveurs qui ont laissé en nous des traces susceptibles de se manifester[1] ». Lorsqu'on n'a plus accès à la mémoire du souvenir, en lâchant prise avec la volonté de savoir, on peut retrouver les manifestations sensorielles enfouies dans la mémoire du corps.

## La respiration consciente

La peur s'accompagne de sensations physiques souvent perçues comme incontrôlables. Elles peuvent créer une barrière à l'exploration sensorielle du corps. La personne phobique ou en proie à une peur excessive est plutôt réticente à laisser son corps s'exprimer, ce qui est tout à fait compréhensible. Elle craint que ce soit encore pire.

Dans le bouddhisme tibétain, l'une des divinités les plus populaires s'appelle Tara. D'un point de vue étymologique, Tara signifie « la salvatrice », « la libératrice ». Elle permet de surmonter les difficultés extérieures ou les perturbations internes comme la peur. Cette divinité représente aussi la force purificatrice des souffles, de la respiration qui anime tout être humain vivant. Cette image divinisée fait un lien naturel entre la libération de certains états émotionnels et la respiration.

On oublie souvent que l'air est une ressource en abondance, disponible tout le temps et que la respiration naturelle est précieuse. L'angoisse, profonde manifestation d'inquiétude, donne parfois l'impression que la respiration va s'arrêter et qu'on va suffoquer. La peur paralyse la libre circulation de l'énergie et de la respiration dans le corps, c'est pourquoi respirer en conscience est une formidable ressource pour gérer les états émotionnels perturbateurs.

## Pratique du jour : Respirer en conscience

**Phase 1.** Installez-vous confortablement allongé(e) ou assis(e). Fermez les yeux. Prenez trois grandes respirations en inspirant et en expirant profondément par le ventre. Vous allez ensuite placer votre conscience et votre respiration dans les parties du corps nommées ci-dessous :

- Pied droit, cheville droite, mollet droit, genou droit, cuisse droite, hanche droite, main droite, poignet droit, avant-bras droit, coude droit, bras droit, épaule droite.
- Pied gauche, cheville gauche, mollet gauche, genou gauche, cuisse gauche, hanche gauche, main gauche, poignet gauche, avant-bras gauche, coude gauche, bras gauche, épaule gauche.
- Organes génitaux, ventre, intérieur du ventre (intestin grêle, gros intestin, foie, vésicule biliaire, pancréas, vessie, rate, estomac), torse, intérieur du torse (poumons, cœur).
- Colonne vertébrale depuis le coccyx, le sacrum, les lombaires, les dorsales et les cervicales, les épaules, le cou, la gorge, les cordes vocales.
- La tête : la mâchoire, la bouche, le nez, les yeux, les oreilles, le front, le cuir chevelu.

Reprenez rapidement toutes les parties du corps : pieds, chevilles, jambes, genoux, cuisses, bassin, organes génitaux, ventre, poitrine, mains, poignets, avant-bras, coudes, bras, épaules, colonne vertébrale, cou et tête.

**Phase 2.** Maintenant, vous êtes bien présent(e). Vous allez prendre 21 grandes respirations en inspirant et en expirant profondément. Ressentez à chaque fois que c'est tout votre corps qui se dilate à l'inspiration puis se rétracte à l'expiration comme le flux et le reflux des vagues de l'océan.

**Phase 3.** Vous ouvrez les yeux et vous vous sentez calme, serein(e). Bougez tout doucement votre corps et relevez-vous délicatement.

La présence à soi et à son corps par la conscience et la respiration est indispensable pour entrer en résonance avec les mémoires sensorielles dissimulées derrière les peurs. Elle permet d'accueillir simplement les souffrances enfouies. Le processus de guérison ne s'attache plus aux souvenirs mais à la ré-expérimentation sensorielle et émotionnelle de ce qui se cache derrière la peur.

### La mémoire du corps

Le corps garde en mémoire tout ce que l'on a vécu, y compris les émotions lorsqu'elles ont été bannies et interdites. L'exemple de Nathalie montre comment sa peur de mourir avec sa mère n'a pas pu s'exprimer et être entendue dans un cadre soutenant et validant. Sa phobie de l'eau cachait aussi une perte de confiance en l'autre. Sa mère avait failli la noyer en s'accrochant à elle, son père l'avait abandonnée à deux reprises et sa tante dissimulait sa peine. Sa peur criait : « Je ne peux avoir confiance en personne ! » Aujourd'hui future maman d'une petite fille, elle accepte l'amour et la relation que lui offre son compagnon.

Alice Miller rappelle que « lorsqu'un être humain essaie de ressentir ce qu'il doit ressentir, et s'interdit d'éprouver ce qu'il ressent réellement, il tombe malade[2] ». Les maux peuvent être physiques ou psychiques. Dans les deux cas, c'est la relation avec soi ou/et avec l'autre qui en pâtit. La mémoire du corps a besoin d'être libérée mais une peur fondamentale la cadenasse.

## Retrouver son enfant intérieur

*« En découvrant son enfant intérieur, chacun découvre en fait la porte de son âme. »*

**Hal et Sidra Stone**

### Deuxième peur-verrou : la peur de revivre sa souffrance d'enfant

Dans un premier temps, il est difficile de renouer avec son enfant intérieur* blessé. On sait que cet enfant a souffert et on préfère oublier toutes les expériences blessantes subies dans le passé. On se sent aussi terriblement démuni devant lui. Nathalie se souvient de sa première rencontre avec son adolescente intérieure de treize ans : « Moi l'adulte, je ne savais pas quoi faire devant cette adolescente qui avait du mal à se laisser approcher. Elle ne voulait pas que je la serre dans mes bras. Elle ne connaissait pas ce geste. J'étais complètement perdue. Finalement, je décidais de simplement l'écouter, de l'apprivoiser et de lui dire que je savais et que je comprenais ce qu'elle avait vécu. » C'est le grand drame de chaque adulte. Chacun construit un mur pour se protéger de sa souffrance enfantine.

Dès l'enfance, l'esprit humain est par nature absorbant et sensitif. Pour poursuivre son développement, l'enfant n'a pas d'autres choix que de s'adapter et de réprimer certains ressentis. Il se conforme à l'image que ses parents ont de lui, afin de recevoir des soins et d'avoir le sentiment d'être aimé. Il refoule une partie de sa souffrance. Il apprend à redouter et à réprimer sa peine et ses frayeurs. Même si les émotions enfantines ressurgissent, elles auront du mal à s'imposer face aux mécanismes de survie précocement acquis.

La peur de revivre la souffrance d'enfant est envahissante et coupe de l'empathie naturelle, cette capacité de se mettre à la place de l'autre. Cette empathie est essentielle pour reconstruire une saine relation entre l'adulte et l'enfant en soi.

Fermez les yeux et imaginez maintenant un tout petit enfant perdu, assis sur le bord d'une route. Il est devant vous. Il pleure. Ne cherchez pas à savoir pourquoi. Ne vous demandez pas comment vous pourriez le consoler. Il n'a besoin ni de l'un, ni de l'autre. Dites-lui simplement ces mots :

Je peux ressentir ce que tu ressens
Ta souffrance est légitime et tu peux te confier
Je suis là à tes côtés pour t'écouter et t'entendre
Tu peux tout me dire
Je t'autorise à exprimer tes émotions
Tu as le droit d'être triste, d'être en colère ou d'avoir peur
Nous rentrons tous les deux à la maison

Ces phrases feront naître de l'empathie pour votre enfant intérieur[3]. C'est une étape essentielle pour accueillir votre souffrance d'enfant. Chaque adulte est capable de transcender sa souffrance originelle, celle de l'enfant en lui. L'empathie vis-à-vis de soi-même est une clé importante pour dépasser ses peurs.

### Le corps de la peur

La métaphore de l'enfant intérieur est une opportunité merveilleuse pour dépasser ses peurs car l'enfant en soi est le plus souvent insécurisé. Lui parler une dizaine de minutes par jour, aussi simplement qu'avec l'exercice précèdent, peut réellement changer votre vie.

La peur, cette émotion centrale, habite votre corps depuis votre naissance. C'est une émotion naturelle mais on vous a rarement appris à entrer en contact avec ce qui a besoin d'être vécu, ressenti et exprimé.

La peur a toujours une double fonction : faire barrage à votre vérité intérieure ou vous inviter à la découvrir. Tout dépend de la manière dont vous l'appréhendez. Tant que l'on ne cultive pas certaines qualités comme le lâcher-prise et l'empathie, on n'est pas en capacité d'ouvrir la porte. La peur carapace alors le corps et la psyché en utilisant des peurs-verrous rarement conscientes, comme la peur de perdre le contrôle et celle de revivre sa souffrance d'enfant. Il existe une troisième peur-verrou qui se cache généralement derrière toutes les angoisses.

1. Luc Nicon, *TIPI, Technique d'identification des peurs inconscientes – Phobies, dépression, inhibition, irritabilité, angoisses*, Émotion forte, 2007 (p. 20 et 21).
2. Alice Miller, *Notre corps ne ment jamais*, Flammarion, 2005 (p. 11).
3. Notre CD de pratiques guidées est un merveilleux moyen d'entrer en contact avec votre enfant intérieur et de développer un lien empathique avec lui. Voir Marie-France et Emmanuel Ballet de Coquereaumont, *Se réconcilier avec son enfant intérieur*, Éditions du Souffle d'or, 2012.

# JOUR 3
# Le champ des possibles

## Les frontières de l'appartenance

*« L'homme propose et dispose.*
*Il ne tient qu'à lui de s'appartenir tout entier. »*

**André Breton**

### À l'aube d'une transformation

La rencontre avec son monde intérieur peut parfois revêtir des formes surprenantes. Aurélie, 59 ans, en a fait l'expérience transformatrice. Il y a un an, à l'aube, une voix a surgi de nulle part comme un appel au secours : « Aurélie, Aurélie, aide-moi ! » Réveillée en sursaut, elle se lève sans comprendre. Cette voix lui est familière. Tout d'abord, elle imagine que quelqu'un de sa famille a besoin d'elle. Ensuite, elle tente toute la journée de se persuader que ce n'est qu'un rêve. Pourtant l'expérience lui paraît bien réelle. Le message de cette voix l'obsède ; il semble crucial pour elle. Au bout de quelques jours, elle réalise que cette voix est la sienne[1]. C'est elle-même qui se demande de l'aide. Elle fait le lien avec ses angoisses au sujet de son avenir professionnel.

### Face à l'angoisse

L'anxiété est générée par la peur. C'est un état d'appréhension, de nervosité ou de détresse parfois aiguë. L'angoisse est une émotion de peur plus ponctuelle. Proche de l'anxiété, elle survient sous forme de crises. Il est démontré que les angoisses trouvent une grande part de leur origine dans la relation mère-enfant. L'enfant naturellement empathique perçoit avec force les angoisses de son parent.

Aurélie appartient à la haute bourgeoisie. Toute sa famille vit selon des règles strictes. La pédagogie duelle de ses parents divise chaque action en deux camps : « Ce qui se fait » et « Ce qui ne se fait pas ». Ces phrases fétiches de sa mère définissent le cadre à respecter. Cela sous-entend que l'appartenance à cette famille, et au-delà à un groupe social défini (la haute bourgeoisie), dépend de l'obéissance à cette règle de vie. Aurélie, enfant, a largement ressenti ce carcan familial et social. Elle s'est adaptée tout en s'autorisant à l'âge adulte certaines transgressions comme le choix de son mari, pourtant d'origine modeste. Dans sa fratrie, de trois frères et six sœurs, toutes les filles ont suivi des études de secrétariat et se sont mariées à des hommes du même milieu. Dans cette famille, la réalisation professionnelle n'est pas importante, seul compte le statut de « bonne épouse et bonne mère de famille ».

Aurélie a réussi à faire un mariage d'amour avec un musicien mais elle s'ennuie dans son métier de secrétaire. Elle est de plus en plus angoissée. Elle ne supporte plus ce métier mais elle n'imagine pas d'autre avenir.

### Le champ des possibles

Chaque être vit dans un champ des possibles, constitué d'un ensemble d'appréciations et de jugements, qui engendre des pratiques familiales et sociales définies. Placés dans des conditions similaires, les individus ont à l'origine la même vision du monde, les mêmes croyances, la même idée de ce qui est possible ou pas, les mêmes critères de choix pour leurs amis, leurs loisirs, leurs goûts esthétiques, etc.[2] Ce cadre n'est ni entièrement déterminé, ni entièrement rigide. Chaque personne ou groupe peut faire évoluer les frontières de ce champ, mais souvent au prix de grandes peurs et de confrontations douloureuses. L'épanouissement de l'être humain passe par l'élargissement de son champ des possibles. On a tous au plus profond de soi la capacité pleine et entière de créer du nouveau.

L'ex-candidate à l'élection présidentielle, Ségolène Royal, a témoigné de l'interdit qu'elle franchissait en incarnant la première femme en lice pour les plus hautes fonctions de l'État. Les oppositions ont émané de toutes parts, y compris de son propre camp politique. Franchir les limites des différents champs personnel, familial, social et collectif, reste très difficile.

Lorsqu'on s'approche d'une limite, certains désirs justes et épanouissants peuvent sembler dangereux pour soi ou pour les autres. L'angoisse se réveille pour garantir, non pas sa propre sécurité, mais une conformité au cadre reçu.

Pour Aurélie, son insatisfaction et son désir de changement deviennent si forts qu'ils génèrent de l'angoisse, un réel mal-être. Elle commence à entendre que quelqu'un crie à l'intérieur. La petite en elle a été entravée dans sa foi enfantine, dans son optimisme et sa confiance naturelle en la vie. Aurélie, adulte, étouffe. Elle prend conscience qu'elle ne s'accorde pas la liberté et le plaisir de s'épanouir dans le métier de son choix.

## Dépasser ses limites

*« Sortir des limites de notre sensibilité et de notre vision mentale, et atteindre à une liberté plus vaste, telle est la signification de l'immortalité. »*

**Rabindranàth Tagore**

### Troisième peur-verrou : la peur de dépasser ses limites

Cette troisième peur-verrou est particulièrement toxique car elle paralyse la vitalité, la force qui pousse chacun à développer son plein potentiel, son génie naturel. Chacun a le droit de s'exprimer pleinement. Qui vous a dit ou fait sentir le contraire ?

L'auteur américain Gay Hendricks rapporte sa propre expérience proche de celle d'Aurélie : « J'avais fabriqué un flot d'images douloureuses parce que je me sentais bien ! Une partie de moi craignait de jouir d'une énergie positive pour une période prolongée de temps. Lorsque j'atteignais ma limite supérieure, quant à la quantité de sentiments positifs que je pouvais gérer, je créais une série de pensées désagréables pour me dégonfler. Les pensées que je fabriquais me garantissaient de revenir à un état qui m'était bien plus familier : ne pas me sentir aussi bien[3]. »

En refusant d'éclairer ses conflits intérieurs et les angoisses qu'ils engendrent, on refoule et on renonce à une grande partie de son élan vital*. On rame à contre-courant. La vie est un processus fondé sur le changement, le mouvement et la coopération. Sans cette dynamique, la vie ne circule plus.

La peur-verrou empêchant de dépasser les limites de son champ des possibles est puissante. Aurélie se sent honteuse et coupable de remettre en cause les valeurs de sa famille d'origine. Ses sentiments toxiques garantissent son obéissance à son modèle familial, social et culturel de référence[4].

Nous encourageons Aurélie à écouter sa voix intérieure et à se poser de nouvelles questions :

- Qu'est-ce qui me passionne ?
- Quel genre de travail se rapproche de mes goûts, passions et envies ?
- Comment travailler sans ressentir ni fatigue, ni ennui ?
- Quelles sont les compétences spécifiques qui me rendent unique ?

Après quelques mois de réflexion et de maturation, Aurélie s'est lancée dans une nouvelle carrière professionnelle.

### Élargir son champ des possibles

Eleanor Roosevelt, la femme du célèbre président américain, conseillait : « Faites chaque jour quelque chose qui vous fait peur. » C'est une excellente idée pour élargir son champ des possibles.

Les tensions, l'anxiété et les crises d'angoisse diminuent lorsqu'on se dissocie et se détache des expériences de peur :

Je ne suis pas ma peur.
Je vis seulement une expérience de peur.
J'existe au-delà de ma peur.

L'important n'est pas de savoir ce qui est impossible ou pas, cela varie d'un individu à l'autre, mais de reconnaître plutôt que ces impossibles ne sont que des limites imposées par l'esprit et qu'il ne tient qu'à chacun de les transgresser.

Franchir une limite du carcan familial, culturel ou social est une libération. C'est le signe de l'importance que l'on ose s'accorder face à autrui. La confiance se cultive avec l'acquisition progressive de ce que l'on imaginait impossible. Élargir son champ des possibles, c'est s'autoriser à vivre des succès.

## Pratique du jour : Tester les frontières de son champ des possibles

**Phase 1.** Répondez aux questions ci-dessous par OUI ou par NON.

- Est-ce que je réalise ce qui est essentiel et juste pour moi ?
- Suis-je le pilote de ma vie dans les domaines qui me tiennent à cœur ?

- Est-ce que je prends ma place ?
- Vais-je au bout de mes désirs, espoirs, rêves ?
- Est-ce que je suis ma vocation professionnelle ?
- Est-ce que j'ose entreprendre des choses nouvelles ?
- Mes relations me comblent-elles de plaisir, de joie et de bonheur ?
- Est-ce que j'accorde de l'importance à ma personne ?
- Est-ce que je réponds à mes besoins essentiels ?
- Est-ce que je prends soin de moi et de ma santé ?
- Ma vie a-t-elle un sens ?

**Phase 2.** Chaque réponse négative signifie que vous vous heurtez à une frontière, à une limite de votre champ des possibles. Pour chaque réponse négative, évaluez votre niveau d'insatisfaction de 0 (pas d'insatisfaction) à 10 (très forte insatisfaction).

**Phase 3.** Analysez chaque réponse négative. Si votre niveau d'insatisfaction est égal ou inférieur à 5, il est probable que vous ne souhaitez pas dépasser votre limite. Cela peut signifier deux choses : soit l'enjeu n'est pas essentiel à vos yeux, soit vous n'avez pas suffisamment conscience des contraintes de cette limite.

**Phase 4.** Attendez trois jours puis évaluez de nouveau votre niveau d'insatisfaction sur vos réponses inférieures à 5. Constatez s'il y a des changements. Tant que l'on ne ressent pas suffisamment d'insatisfaction, on ne repousse pas ses limites.

---

1. Jung a largement montré qu'entendre des voix est une propriété naturelle de l'inconscient. Le psychiatre et psychothérapeute néerlandais Dick Cortens rappelle : « Entendre des voix ne doit pas être pensé en tant que pathologie que l'on se doit d'éradiquer mais comme une expérience riche de sens, à interpréter, intimement liée à l'histoire singulière de l'entendeur de voix. » Cette expérience reflète aussi la multiplicité psychique avec les nombreuses sous-personnalités qui peuplent le monde intérieur.
2. La notion de « champ des possibles » décrite dans ce livre s'inspire de la notion d'« *habitus* » défini par le sociologue français Pierre Bourdieu. Voir l'ouvrage sous la direction de Serge Paugam, *Les 100 mots de la sociologie*, Collection « Que sais-je ? », PUF, 2010.
3. Gay Hendricks, *Le Grand Bond – surmontez vos peurs cachées et apportez une nouvelle dimension à votre vie*, ADA éditions, 2010 (p. 5 et 6).
4. Pour une analyse détaillée des sentiments toxiques de honte, de culpabilité, d'abandon et d'impuissance, vous pouvez consulter notre précédent ouvrage, *Réveillez vos ressources intérieures*, Albin Michel, 2009 (p. 81 à 94).

DEUXIÈME PARTIE

# La peur

## et ses transes

> « Sous l'emprise de la peur, on traverse des états de transe où le réel s'efface. On est projeté dans un ailleurs, un autre espace et un autre temps. Ces transes* hypnotisent chacun et empêchent de vivre l'instant présent. Ces transes sont nourries par des peurs d'adaptation. »

# JOUR 4
# Vivre dans le futur

## Vaincre le stress

*« Dans vingt ans, vous serez plus déçu par les choses que vous n'avez pas faites que par celles que vous avez faites. Alors sortez des sentiers battus. Mettez les voiles. Explorez. Rêvez. Découvrez. »*

**Mark Twain**

### Le stress

Le stress est aujourd'hui considéré comme le mal du siècle. C'est le signe d'une peur souterraine* continue. Il génère à lui seul toute une panoplie de maux comme l'irritabilité, la nervosité, l'anxiété ou des crises d'angoisse. Tous ces symptômes réunis caractérisent, selon Hans Seyle, le précurseur des études sur le stress, un syndrome général d'adaptation face à une menace, quelle que soit sa nature.

Les facteurs de stress sont de plus en plus nombreux. Le stress est tellement présent qu'il se transforme parfois en moyen de valorisation pour soi et aux yeux des autres. Être « surbooké », planifier sa vie dans les moindres détails et courir d'un point à l'autre deviennent des signes de performance et d'accomplissement. Une vie bien remplie ne vaut-elle pas quelques sacrifices ! Le stress avec ses corollaires, de l'irritabilité à l'épuisement, semble pour certains un prix raisonnable à payer. Les vacances sont alors la bouée de sauvetage attendue avec impatience… Quelle surprise lorsqu'on prend conscience que la gestion de ses loisirs et de son temps de repos obéit à la même loi frénétique. Tout prévoir, tout contrôler, courir, ne rien rater, réussir à tout prix… Le cercle vicieux se referme sans crier gare.

Lorsque le corps stressé et épuisé rappelle à l'ordre, les comportements nocifs sont déjà bien ancrés. La vitalité s'affaisse.

## La vivance, une qualité de vie

Les facteurs de stress les plus courants sont extérieurs. Ils se développent dans la vie professionnelle tout comme dans la vie personnelle. Ils sont liés à la qualité de son environnement, de ses relations et de son organisation dans les différentes tâches. Plus la qualité de vie est élevée, plus le niveau de stress est faible. On a tendance à compenser la baisse de sa qualité de vie par de la suractivité car on ignore comment faire face à l'insatisfaction ressentie dans sa vie. On repousse ainsi les transformations qui s'imposeraient pour retrouver un équilibre vivifiant.

Le stress affaiblit la vivance*, c'est-à-dire l'épanouissement du vivant en soi. Il vous avertit en ces termes :

La perception que j'ai de moi-même<br>
La vie que je mène<br>
La place que j'occupe<br>
La relation que j'entretiens<br>
} ne dynamisent plus ma vitalité et mes ressources créatrices.

Le stress questionne l'individu sur la qualité de son système intérieur et sur la qualité des systèmes dans lesquels il vit. Chacun s'insère dans différentes échelles systémiques : sa famille d'origine, la famille qu'il a créée, une catégorie socioprofessionnelle, un environnement professionnel, la société, etc. Ces systèmes sont-ils soutenants, nourrissants, valorisants ? Si ce n'est pas suffisamment le cas, le stress vous le signifiera et vous invitera à un changement de cap. Si l'individu ne peut pas changer un système, il peut par contre modifier sa perception et son positionnement au sein de celui-ci.

Chacun peut faire face au stress à condition d'en éclairer le facteur fondamental, le temps qui passe. Êtes-vous conscient que vous avez peur du temps qui passe ? Êtes-vous conscient des murs de votre prison temporelle ?

## Prisonnier du temps

La vision linéaire du temps colore l'expérience de la vie. L'existence apparaît généralement comme une succession d'événements. On reste prisonnier de deux infinis, le passé et le futur. Le passé est un espace achevé ou inachevé qui s'accroît avec l'âge. Le futur se déroule devant soi et reste toujours à inventer.

Cette expérience du temps est en grande partie culturelle. En Chine, par exemple, le temps est cyclique. Il n'est pas neutre. Dotée d'énergies spécifiques, chaque période possède des attributs qui la rendent plus ou moins bénéfique selon les projets à concrétiser. À l'inverse de la tradition chinoise qui invite à un certain lâcher-prise, la conception occidentale poussée dans ses extrêmes attise le désir de contrôle sur le temps.

La vie obéit à des cycles. L'exemple du jardinage est édifiant. Si vous plantez des graines en hiver, vous n'obtiendrez pas de résultats. Vous avez le choix de stresser devant vos légumes qui ne poussent pas ou bien d'accepter que la période ne soit pas propice. La vie quotidienne n'est pas différente du jardinage. Il existe un temps pour chaque chose. Toute création nécessite de la maturation et de la patience pour aboutir. Les automnes sages et les hivers endormis d'une vie sont l'aube des printemps fleurissants et des étés lumineux. Ne pas prendre le temps d'écouter et de respecter les cycles de l'existence est douloureux. Cela nourrit l'illusion qu'il est possible de contrôler tous les aspects de la vie.

### Un temps pour le cœur

Le stress est le fruit de cette illusion. Il se déclenche toujours face à l'inconnu, à l'imprévisible, à l'incontrôlable ou à une remise en cause. Ces situations rappellent la nature impermanente de la vie. Elles sont souvent déstabilisantes et nécessitent une période de latence. Face à un événement stressant, il convient d'accueillir le moment présent. Comment ?

## Pratique du jour : Écouter son cœur

**Phase 1.** Posez-vous. N'agissez plus. Ne cherchez pas de réponses ou de solutions. Cette phase, ô combien inconfortable, est essentielle pour ne pas se perdre dans une suractivité et générer du stress.

**Phase 2.** Extériorisez vos émotions. Mettre des mots sur ses émotions et ses sensations permet de les légitimer et de se les approprier. Cette phase évite de cultiver des sentiments toxiques de honte ou de culpabilité.

**Phase 3.** Soyez à l'écoute des réponses de votre cœur. Le neurophysiologiste français Alain Berthoz explique que les prémices à toute prise de décision se produisent au niveau des cellules myocardiques, c'est-à-dire du cœur[1]. Ces cellules réagissent avant les neurones. En résumé, tout débute par une impulsion au niveau du cœur. On a quotidiennement l'habitude d'écouter les nombreuses petites voix du mental plutôt que celles du cœur. Écouter son cœur exige du silence et de la présence à soi, un temps pour puiser dans ses ressources intérieures.

Les phrases familières ci-dessous trahissent le stress. Elles sont toutes des projections dans le temps, dans un futur incertain. Elles révèlent une transe, un état hypnotique où l'on ne parvient pas à rester dans le moment présent pour écouter son cœur, le centre de son être.

Je ne suis pas capable de…

Je n'aurai pas le temps

Je ne vais pas y arriver

J'ignore ce qui va se produire

## Sortir du manque

*« La vie est ce qui vous arrive pendant*
*que vous êtes occupé à faire autre chose. »*

**John Lennon**

### La futurisation

Constatez une réalité toute simple : votre corps vit au présent alors que votre esprit vagabonde dans le futur. À cet instant, vous vous interrogez peut-être sur le chapitre suivant. Vous prenez un temps pour lire ce livre mais votre esprit pense déjà aux mille et une choses que vous allez faire par la suite. Il n'est pas simple de vivre dans le moment présent, tout simplement parce qu'il est normal que votre esprit voyage ici et là, dans le passé comme dans le futur. Des dizaines de pensées se juxtaposent.

La futurisation* est l'évasion de l'esprit dans le futur. Ce fonctionnement naturel se transforme en transe lorsqu'il devient systématique. Le psychologue américain Stephen Wolinsky rappelle : « La transe est la principale colle qui maintient la structure des problèmes[2]. » Une transe est un état hypnotique, comme un sommeil éveillé qui a acquis une autonomie propre avec des réactions automatiques. Sans le percevoir, l'adulte reste emprisonné dans un autre temps et un autre espace.

Charles, un cadre dynamique de quarante-deux ans, l'a vécu de plein fouet : « J'étais débordé au travail, à tel point que je me suis progressivement laissé envahir. Mon ordinateur et mon téléphone restaient allumés en permanence même lorsque j'avais à terminer un travail important. Il me semblait vital de faire le maximum dans le minimum de temps. » Cette remarque reflète aujourd'hui la norme pour une grande partie du monde professionnel. Beaucoup de salariés ressentent cette pression et ce poids qui s'exercent sur eux. Faire toujours plus dans un temps restreint.

Charles continuait à travailler ses dossiers chez lui, parfois jusque tard dans la nuit. Après plusieurs mois de stress ininterrompu, il fut victime d'un *burn-out*, un syndrome d'épuisement professionnel. Il souffrait de maux de tête insoutenables, se sentait déprimé. Une profonde et incompréhensible tristesse l'envahissait régulièrement. Il avait perdu confiance en lui.

### La *deadline*

Charles envisageait l'avancée de son travail en fonction d'une *deadline*, c'est-à-dire d'une date butoir pour mener à bien chaque dossier. Peu à peu cette limite devint omniprésente et anxiogène. « Je me fixais une *deadline* pour tout, aussi bien dans ma vie professionnelle que dans le peu de vie personnelle qu'il me restait. » La traduction du terme anglais *deadline*, couramment utilisé en France, est « date d'échéance », mais Charles entendait le message suivant : « Si tu dépasses le temps imparti, tu es fini, tu es mort ! » Il vivait sous cette menace, cette épée de Damoclès au-dessus de sa tête.

Charles dut s'arrêter de travailler. Il se posa des questions sur l'origine de son mal-être. Dans son enfance, il avait été profondément marqué par un père froid et distant. Il se rappela l'enfant qu'il avait été, un enfant adapté* aux exigences de son père dans le vain espoir d'être reconnu et encouragé. Charles pensait avoir fait le deuil de son passé. En réalité, toutes ses attentes envers son père s'étaient reportées dans son travail.

## Le manque de reconnaissance

La futurisation est une transe du désir. Il est légitime d'avoir des désirs et des attentes pour l'avenir à condition de ne pas croire que son bonheur en dépend. Sinon, on sera forcément déçu et malheureux.

L'un des besoins essentiels de l'enfant est d'être reconnu pour ce qu'il est, une personne à part entière, unique. Dans les relations avec ses parents, puis ses éducateurs (maîtres d'école, professeurs), Charles n'a pas toujours obtenu cette juste reconnaissance. Qui peut affirmer : « J'ai été accepté pour ce que j'étais profondément, avec mes désirs, mes besoins, mes émotions et mes pensées » ? Pour l'enfant, cette non-reconnaissance est blessante. Pour se protéger de cette souffrance, il doit s'adapter en créant une carapace qui ne se limite pas à une protection pour ne plus sentir la souffrance, mais qui est aussi un système actif pour obtenir ce qui lui a manqué. Les besoins non reconnus se transforment en manques.

Le désir de reconnaissance est l'un des désirs les plus répandus. Il répond à un manque tapi au plus profond de soi. Une femme poussera sa fille à se présenter à tous les concours de beauté pour calmer sa souffrance de ne pas avoir été valorisée par sa propre mère. Un homme, autrefois rejeté par son père, dissimulera sa peine d'enfant en prouvant à son patron son efficacité et sa rentabilité.

Pourtant, ce désir de reconnaissance ne pourra jamais être satisfait si le réel besoin de reconnaissance n'est ni reconnu, ni entendu (voir Jour 17, p. 151). Pourquoi ? Parce que l'on continue à vivre dans le manque.

## La nature du manque

Le manque est un puits sans fond. Rien, ni personne ne peut le remplir. Il confronte chacun à une sensation de vide parfois insupportable. Il réveille le désir irrésistible de le combler.

Avoir besoin de reconnaissance et en manquer sont deux choses tout à fait différentes. Le besoin de reconnaissance est légitime. C'est ce qui permet de se situer au sein d'un groupe.

Je suis vu, connu et reconnu.

J'ai une place qui m'est propre au sein du groupe.

Ce besoin est lié au besoin d'appartenance. Tous les besoins nécessitent une bonne relation à soi et de la responsabilisation. Chacun doit apprendre à répondre à ses besoins.

À l'inverse, le manque existe tant que l'on ne reçoit pas assez d'amour et d'approbation de la personne la plus importante qui soit, c'est-à-dire soi-même. Le manque pousse invariablement à projeter ses désirs vers l'extérieur, sur l'autre. Le manque n'engendre pas de relations saines mais une première peur d'adaptation : la peur de l'inconnu.

### Première peur d'adaptation : la peur de l'inconnu

La futurisation cache une secrète interrogation : « Vais-je obtenir dans l'avenir ce que je désire et ne plus être dans le manque ? » La réponse est non ! En niant cette vérité, le futur devient stressant. Le stress est la pointe visible d'un iceberg dont la partie immergée est la peur de l'inconnu. On n'arrive pas à accepter que le futur soit incertain. Pour avoir moins peur, chacun remplit l'inconnu avec du connu. Comment ? En idéalisant ou en dégradant le futur. Lorsque l'on magnifie le futur, on projette des réponses illusoires, voire fantaisistes, à ses blessures du passé. Lorsque l'on a peur que des expériences blessantes se reproduisent, on obscurcit son futur.

Un homme imagine rencontrer une femme aimante qui va le guérir, son âme sœur qui viendra réparer sa piètre image de lui-même et les humiliations subies à l'école. Il a peur de ne pas trouver cette femme ou de se tromper dans son choix.

Une femme pense que tous les hommes sont des égoïstes comme son père l'était avec sa mère. Elle craint de tomber sur des hommes semblables à son père. Pour être une « fille modèle », elle reste fidèle aux croyances de sa mère.

Profondément, ce qu'on imagine fait bien plus peur que l'inconnu. L'idéalisation et la dégradation s'appuient sur des croyances infantiles et des fonctionnements du passé.

La transe se caractérise par des distorsions cognitives, c'est-à-dire des pensées erronées qui modifient la perception du réel et du moment présent. Ces distorsions sont des fantasmes. On peut tenter de corriger ses croyances mais c'est insuffisant. Si la transe est la principale colle qui maintient la structure des problèmes, la peur est la superglu qui sauvegarde la transe. Faire face à ses peurs est le seul moyen de sortir définitivement des transes* hypnotiques qui brouillent la vision de la vie. La peur est l'émotion maîtresse qui modifie les perceptions et la compréhension.

La peur de l'inconnu cache la crainte de ne pas obtenir ce qui a manqué enfant. On projette dans le futur des scénarios qui sont chargés de désirs de réparation et de peurs anciennes. Peu d'individus acceptent réellement l'inconnu, l'imprévisible et l'incontrôlable. Ils ne supportent pas d'ignorer ce qui les attend. L'inconnu ne devrait pas faire peur. Il est source de sagesse.

En apprivoisant la peur de l'inconnu, je me détache de certains désirs et j'accueille naturellement la remise en question de certaines croyances. Je suis plus authentique.

## Pratique du jour : Éclairer ses désirs

**Phase 1.** Quels sont vos désirs pour l'avenir dans les domaines suivants ? Répondez en quelques phrases.

- En amour, je désire...
- Au travail, je désire...
- En amitié, je désire...
- Avec mes parents, je désire...
- Avec mes enfants, je désire...
- Avec mon conjoint ou ma conjointe, je désire...

**Phase 2.** À présent, analysez vos réponses et ce qu'elles sous-tendent. Repérez-vous les phénomènes suivants ?

- La compensation. J'espère obtenir quelque chose pour combler un manque ou ne plus ressentir un vide.
- Le fantasme. J'imagine une situation improbable ou un événement miraculeux qui va changer ma vie. Je rumine des scénarios abracadabrants.
- Le catastrophisme. Je vois le verre à moitié vide. J'envisage le pire.
- La justification. J'ai tendance à expliquer ou à justifier mes actions, mes ressentis et mes pensées.

- La déresponsabilisation. Je crois que ce sont les autres qui me font du tort. J'ai tendance à croire que l'autre m'est redevable.

Si vous reconnaissez certains de vos fonctionnements, vous êtes dans la norme. Comme pour le plus grand nombre, l'adulte en vous est hypnotisé. La peur et sa transe de futurisation agissent secrètement. Restez confiant. L'éveil appelle le changement. Lorsque vous serez prêt à abandonner vos illusions pour la réalité et vos désirs pour les faits, alors votre vie ne sera plus sous l'emprise de la peur.

1. Ce sont les résultats d'une expérience américaine rapportée par Alain Berthoz dans son ouvrage, *La Décision*, Odile Jacob, 2003.
2. Stephen Wolinsky, *Ni ange ni démon – Le double visage de l'enfant intérieur*, Le Jour Éditeur, 1999 (p. 32). Wolinsky, fondateur de la Psychologie quantique, a longuement étudié les phénomènes de transes. Le terme de « futurisation » lui est emprunté.

J'ARRÊTE D'AVOIR PEUR !

# JOUR 5
# Vivre dans le passé

## Quel amour avez-vous peur de perdre ?

*« La plaie sans doute la plus profonde – ne pas avoir été aimé tel qu'on était – ne peut pas guérir sans travail du deuil. »*

**Alice Miller**

### La régression

Prenez un temps pour méditer une autre réalité toute simple. Votre corps vit dans le présent alors que votre esprit plonge sans cesse dans le passé pour interpréter le présent et inventer le futur. L'émotion est biographique. La peur construit les souvenirs et rend plus ou moins sensible à certains événements. Certaines peurs protègent réellement du danger et garantissent l'intégrité physique. Je regarde à gauche et à droite avant de traverser une route. Je prends soin de regarder mon couteau en coupant des légumes. Tous ces petits gestes du quotidien s'appuient sur la peur saine et légitime, et sur les expériences passées. La peur rend ainsi bien des services.

À l'inverse de la peur saine, la régression* est une transe handicapante. Elle détourne le fonctionnement de la peur naturelle. Je crois revivre dans mon présent des situations blessantes du passé. La régression agit lorsque l'adulte hypnotisé par une situation ou une personne redevient un petit enfant, le plus souvent apeuré. Nombre d'êtres humains régressent régulièrement sans en être conscients. C'est une transe universelle !

### Éternel enfant face à ses parents

L'adulte en transe régressive établit un lien enfant/adulte comme dans son enfance, plutôt qu'un lien adulte/adulte. Un homme se croit pris en faute quand sa compagne le regarde d'une certaine façon. Une femme se justifie sans cesse devant sa collègue de travail parce qu'en sa présence elle se dévalorise. Un autre évite de dire ce qu'il ressent auprès de ses amis pour ne pas être différent d'eux. Une autre se sent très triste dès qu'elle est en contact avec des enfants.

Toutes les transes trouvent leur source dans le modèle relationnel établi avec les parents. Ce modèle originel influence les relations. Il reste surtout actif dans la relation présente avec son parent. Dans notre pratique professionnelle, nous accompagnons les personnes à prendre conscience que, le plus souvent, elles restent d'éternels enfants face à leurs parents. Cette prise de conscience, parfois désagréable, est néanmoins salutaire car elle devient une opportunité de grandir, d'être plus adulte et de vivre enfin librement.

Jocelyne, une femme de quarante-cinq ans, travaille dans un célèbre cabinet d'avocats parisien où elle est très appréciée pour son franc-parler et sa finesse d'analyse. Son cercle d'amis lui reconnaît aisément ces mêmes qualités. Une fois par an, elle se retrouve chez sa mère avec le reste de sa fratrie pour les fêtes de fin d'année. Elle appréhende à chaque fois cette « réunion familiale obligatoire ». Lors d'une séance individuelle menée par Marie-France, elle décide d'explorer cette appréhension qui dissimule visiblement une peur qu'elle ne réussit pas à nommer :

« Quel souvenir avez-vous de votre dernier Noël ?

— Je suis dans la cuisine avec mon frère. Il me dit qu'il y a des décisions importantes à prendre. Il veut que nous choisissions qui doit garder la maison à la mort de notre mère. Ma mère entre à son tour dans la cuisine. Elle me regarde en ajoutant qu'elle est heureuse que ses enfants se concertent. Elle ressort. Ma sœur arrive et discute avec mon frère. Ils expriment tous les deux que l'entretien de cette maison serait trop lourd pour eux.

— Que ressentez-vous ?

— Je suis oppressée. Je n'arrive pas à parler et une voix intérieure me somme de me taire.

— Demandez à cette partie en vous pourquoi il faut vous taire ?

— Je ne sais pas… J'entends que je suis la petite dernière et que mon frère et ma sœur savent mieux que moi.

— Sans réfléchir, répondez à la question suivante : dans cette cuisine, quel âge avez-vous ?

— Cinq ans ! J'ai peur de déplaire à maman. Elle veut que je sois une petite fille obéissante.

— Dans la situation présente, comment resterez-vous "obéissante" ?

— En annonçant que je vais garder la maison à la mort de ma mère. Mon frère et ma sœur y seront les bienvenus. »



Pour Jocelyne, la discussion sur l'héritage de sa mère était prématurée. Elle, qui n'avait aucune intention de garder cette maison, se sentait contrainte d'obéir pour répondre aux désirs plus ou moins exprimés de sa mère, de son frère et de sa sœur. En mettant à jour sa transe, Jocelyne réussit à devenir une adulte plus libre de ses choix dans la sphère familiale.

La régression* empêche d'être en relation avec les personnes présentes dans l'instant. On se retrouve dans son passé, trente, quarante, cinquante ans... en arrière. C'est le signe d'un attachement à un système familial ancien et sclérosé. En transe, l'adulte reprend le ou les rôles rigides de son enfance. L'enfant adapté* en soi cherche à préserver l'équilibre du système familial même si celui-ci est blessant. Pourquoi ?

Dans les jours suivants, Jocelyne veut annoncer sa décision à sa mère et à sa fratrie. Mais une peur s'intensifie et finit par la paralyser. Elle ne se sent pas capable d'affronter sa mère : elle a peur de perdre son amour.

### Deuxième peur d'adaptation : la peur de perdre l'amour

L'adulte hypnotisé par son passé redevient un enfant adapté. Il est dépendant de l'autre et de l'extérieur. Il veut recevoir ce qui lui manque pour être heureux. Il utilise de nombreuses stratégies pour obtenir de la considération, du respect, de la sécurité... La liste est longue. Tout se résume pourtant en un seul mot : l'amour. Tout est une question d'amour !

Pour sortir de la régression*, il est essentiel de reconnaître la blessure maîtresse de l'enfant en soi, la blessure du manque d'amour[1]. Cette blessure est universelle. Lorsqu'un de ses besoins n'est ni entendu, ni comblé, l'enfant le vit comme un désaveu et un manque d'amour. Il a peur de ne pas ou plus mériter l'amour et les soins vitaux pour lui. La blessure refoulée du manque d'amour devient « [...] la base d'une revendication profonde et incessante de tout adulte qui recherche l'amour de ses parents et qui espère secrètement que ceux-ci pourront enfin lui donner ce qui lui a tant manqué[2]. » Cette quête peut être aussi redirigée vers des substituts parentaux comme un enseignant, un ami, un patron, etc. Une personne est souvent prête à se conformer à ce qu'elle imagine que l'autre attend pour obtenir ce qui lui a tant manqué.

# Éclairer son identité fictive

*« La reconnaissance de ce que vous n'êtes pas vous dévoile spontanément qui vous êtes réellement. Vous n'êtes pas ce que "vous pensez" que vous êtes. »*

**Nisargadatta Maharaj**

## Rester conforme

Une grande partie de la personnalité se construit sur la peur de perdre. On crée un masque avec les caractéristiques jugées présentables et acceptables par l'autre et par la société. Je reste conforme, je présente un personnage pour être accepté. Tout le monde cherche à avoir une place au sein du groupe auquel il désire appartenir. Le premier groupe est la famille d'origine où se forge le sentiment d'appartenance. C'est un besoin humain essentiel. L'Homme est un être social. Il a besoin de s'insérer dans un groupe, d'appartenir à un système et d'interagir au cœur de celui-ci.

À chaque fois que l'enfant n'est pas entendu dans ses émotions et ses besoins, il a peur de perdre le lien avec l'autre. Il a peur de ne pas être suffisamment conforme, ce qui engendre la peur du ridicule.

## Troisième peur d'adaptation : la peur du ridicule

André Gide a écrit : « La peur du ridicule obtient de nous les pires lâchetés. » Cette peur est profondément enracinée et instinctive. Le ridicule est si douloureux que l'on préfère l'éviter à tout prix. Une expression courante affirme « le ridicule ne tue pas », pourtant il est assassin. L'art de ridiculiser l'autre est une arme rhétorique puissante. La personne ridiculisée est amoindrie. Sa confiance s'effondre. La psychologue Frances G. Wickes rappelle qu'« au moment où le sentiment de compétence décroît, la puissance de la peur croît[3]. » Quand on est ridiculisé, le sentiment d'appartenance est meurtri. La peur que cela se reproduise rend plus conforme et plus obéissant.

On peut aussi se sentir ridicule sans l'intervention d'autrui. Jérôme témoigne : « Je fais de l'improvisation théâtrale mais j'ai le plus grand mal à me lâcher et à être drôle. Je n'y arrive pas. J'ai peur d'être ridicule face aux autres. J'ai peur qu'ils me jugent. Je n'arrive pas à jouer, comme si je n'avais pas d'idées, pas de créativité. Je suis paralysé. J'ai peur d'être "moche", de ne pas être "comme il faut". Le théâtre m'a révélé à quel point j'essaie de contrôler mon image. Je me rends compte aujourd'hui que ma peur du ridicule pourrit ma vie. »

Notre longue expérience théâtrale[4] nous a confirmé que seule la peur de ne pas oser est ridicule. La vie, comme le théâtre, est un espace pour apprendre à oser. Oser, c'est accepter d'apprendre à se connaître. Oser, c'est être soi-même et profiter des bienfaits que cela procure.

## L'adulte hypnotisé par la peur

Les trois peurs d'adaptation : la peur de l'inconnu, la peur de perdre l'amour et la peur du ridicule appartiennent à l'enfant adapté en soi. Ces peurs activent la transe hypnotique qui survient le plus souvent en présence des parents ou des substituts parentaux. Cette transe contamine aussi les relations amoureuses. La jalousie, la peur de perdre l'autre, la peur de ne pas être assez bien… sont autant de facettes de ces trois peurs initiales.

Jean, un homme d'une cinquantaine d'années, est en souffrance depuis son divorce : « Depuis ma séparation, je n'ai fait que des rencontres décevantes. Je suis las de chercher. J'ai peur d'être de nouveau trahi. Ma femme est partie avec un autre homme du jour au lendemain. Je ne m'y attendais pas. Ce fut un choc, un véritable cataclysme dans ma vie. Aujourd'hui, je ne parviens pas à me débarrasser de ma hantise de revivre la même chose. » Lors d'un stage, nous invitons Jean à traverser sa peur. Une autre émotion émerge, la tristesse. En pleurs, il exprime qu'il ne se sent pas digne d'être aimé. Sa voix change. C'est celle d'un enfant. Jean ne semble pas conscient qu'il vit une transe de futurisation (il imagine pour son futur des trahisons amoureuses à répétition) et une transe régressive (une tristesse et des peurs anciennes ressurgissent). Il reprend la parole et partage un souvenir douloureux : « À l'âge de cinq ans, j'ai vu ma mère quitter le domicile conjugal. Elle nous a abandonnés mon père et moi. Elle était amoureuse d'un autre homme et elle ne voulait pas s'embarrasser d'un enfant. » Sa voix trahit maintenant de la colère. Il explique comment le petit garçon qu'il était, s'est forgé en l'absence de sa mère : « À l'école, je jouais les gros bras et j'ai toujours été le leader. » Sa personnalité s'est construite pour mettre à distance la souffrance légitime et éviter de revivre l'abandon. En étant leader, il utilisait tous les moyens pour être apprécié, respecté et même craint.

## L'identité fictive

À l'instar de Jean, chacun passe sa vie collé à une identité fictive pour dissimuler ses peurs et ses souffrances passées. Cette identité semble sécurisante et satisfaisante jusqu'au jour où un événement l'ébranle. Les vieilles émotions et les peurs enfouies ressurgissent. Le passé envahit le présent et le futur. La régression* et la futurisation* sont souvent des transes* simultanées. Elles font retraverser le chaos ressenti enfant face à de grandes douleurs. Toutes les parties intérieures (ou sous-personnalités) se mélangent alors :

- l'adulte, plus ou moins construit et solide ;
- l'enfant adapté, noyau de l'identité fictive ;
- et l'enfant intérieur* exilé, gardien des ressentis qui n'ont pas pu s'exprimer, être entendus et accompagnés.

Le psychothérapeute américain Stephen Wolinsky explique : « La dé-hypnose renvoie le souvenir à l'arrière-plan et ramène le moment présent à l'avant-plan[5]. » Jean est sorti de sa transe hypnotique en acceptant de reconnaître qu'une majeure partie de son ressenti appartenait à son passé. En intégrant sa vérité intérieure (celle de l'enfant exilé jusqu'alors) « à l'âge de cinq ans, je me suis senti trahi par ma mère », il a pu distinguer le passé du présent et du futur. Cette nouvelle perception lui a permis de vivre une autre histoire d'amour.

## Pratique du jour : Sortir de la transe hypnotique

Le véritable pilote intérieur, le Soi, ne connaît pas la peur. Il n'a pas besoin d'être reconnu, apprécié ou aimé par l'autre. Ce désir ardent est celui de la personnalité infantile et adaptée qui prend le pouvoir et hypnotise l'adulte. La régression est une transe tenace mais elle n'est pas une fatalité.

Le présent peut être ramené au centre de sa vie. Lorsque le passé surgit, il véhicule des blessures refoulées. L'adulte est pleinement capable de reconnaître avec clarté et avec lucidité ce qui l'a blessé enfant. Seule la peur fait croire le contraire.

**Phase 1.** Nommez les différentes peurs qui encombrent votre présent et obscurcissent votre avenir. Par exemple :

- la peur d'être trahi(e) ;
- la peur de perdre l'autre ;
- la peur de ne pas être accepté(e) comme je suis.

J'ARRÊTE D'AVOIR PEUR !

**Phase 2.** Éclairez les blessures qui se cachent derrière vos peurs en créant des phrases comme dans les modèles ci-dessous :

- la peur d'être trahi(e) : « À l'âge de..., je me suis senti(e) trahi(e) par... quand il ou elle... » ;
- la peur de perdre l'autre : « À l'âge de..., je me suis senti(e) abandonné(e) par... quand il ou elle... » ;
- la peur de ne pas être accepté(e) comme je suis : « À l'âge de..., je ne me suis pas senti(e) accepté(e) par... quand il ou elle... ».

Respectez bien les consignes suivantes :

- Précisez l'âge que vous aviez pour intégrer que l'événement relève du passé et concerne l'enfant en vous.
- Utilisez les termes « Je me suis senti(e)... ». Cette formule vous dissocie du comportement de l'autre et vous recentre sur votre ressenti.
- Nommez bien les personnes concernées en ne tombant ni dans la justification pour protéger l'autre, ni dans l'accusation. Vous ne pourrez pas sortir d'une transe et de la souffrance sans distinguer ce qui vous appartient de ce qui appartient à l'autre.
- Après la formule « quand il ou elle... », mentionnez le comportement de l'autre à votre égard sans le juger, ni l'analyser.

Pour l'exemple de Jean, cela pourrait être : « Je me suis senti(e) trahi(e) par ma mère quand elle a quitté la maison sans moi. »

**Phase 3.** À chaque fois que vous ressentez une peur, répétez à haute voix la phrase que vous avez créée. Il est possible et naturel que d'autres émotions apparaissent : dégoût, colère, tristesse. Accueillez-les sans jugement. Cet exercice est une étape supplémentaire vers votre libération.

---

1. Les blessures maîtresses de l'enfant intérieur sont développées dans notre ouvrage, *Réveillez vos ressources intérieures*, Albin Michel, 2009 (p. 21 à 68).
2. Voir notre ouvrage, *Réveillez vos ressources intérieures, op. cit.* (p. 35).
3. Frances G. Wickes, *Le Monde intérieur de l'enfance*, Éditions du Dauphin, 1993 (p. 193).
4. Marie-France a été comédienne professionnelle, metteur en scène et professeur de théâtre pendant plus de vingt-cinq ans. Emmanuel a été coach d'improvisation théâtrale pendant douze ans.
5. Stephen Wolinsky, *op. cit.* (p. 45).

# JOUR 6
# Les voix de la peur



## L'être humain est multiple

*« La personne est une multiplicité intérieure inachevée, appelée à s'unifier. Dieu ne fait qu'ébaucher l'homme, c'est sur la terre que chacun se crée. »*

**Proverbe africain**

### Le sens du Moi

Chaque personne se définit elle-même, consciemment ou pas. Le *je* est utilisé pour parler de soi, exprimer ce qui est en soi et se positionner face à l'autre. À chaque fois, ce *je* dessine les contours d'une image de la personnalité. Naturellement, chacun s'identifie à son *je* tout en l'enrichissant et en le modifiant au fil de ses expériences.

Le *je* exprime vos émotions et vos sentiments : je suis triste, j'ai peur, je t'aime… Il expose vos besoins : j'ai besoin de sécurité, de respect, d'harmonie… Il détermine vos qualités et vos fragilités : je suis curieux, je suis maladroit… Il extériorise votre état intérieur : je suis fatigué, je suis serein… Il affirme vos goûts : j'aime le sport, je n'aime pas le fromage… Le *je*, sous toutes ses formes, habille votre Moi et nourrit le sens du Moi, c'est-à-dire la sensation d'exister par et pour soi.

Sans le *je*, l'individu ne peut pas se construire, s'appuyer sur son Moi pour se réaliser. En même temps, le *je* est parfois contraignant. Il instaure des limites qui entravent ou paralysent. Véronique, une femme de trente ans, a une sœur aînée handicapée mentale et croit qu'elle est comme elle. Elle répète régulièrement : « Je suis handicapée. » Ce n'est évidemment pas la réalité mais elle s'accroche à cette étiquette pour ne pas remettre en cause l'éducation de ses parents qui, par souci d'égalité, ne reconnaissaient aucune différence entre les deux sœurs. Elle étouffe sa culpabilité de ne pas être comme sa sœur, d'être « normale ». Elle a entendu toute son enfance : « Ta sœur et toi, vous êtes pareilles. » Une partie d'elle a assimilé ce message et se persuade qu'elle est limitée intellectuellement.

## Les limites du *Je*

Le *je* qui s'exprime n'est pas toujours le vrai Moi. Sous le joug des transes, le *je* s'associe à des émotions et sensations du passé qui constituent les habits d'une personnalité fictive construite pour fuir sa vérité intérieure.

Cette vieille image paraît réelle, tangible et incontournable. Comme un vêtement, elle colle à la peau. Fruit d'une adaptation face à des contraintes familiales, sociales et culturelles, elle éloigne du véritable Moi et du pilote intérieur, le Soi. Quel intérêt pourrait-on avoir à s'identifier à une fausse personnalité ? Cette personnalité fictive semble sécurisante et efficace pour fuir les souffrances.

Dans sa vie, Véronique ne parvient pas à sortir de son illusion. Avoir le sentiment d'être handicapée se révèle relativement confortable. Ce faux-moi* la déresponsabilise. Elle justifie ainsi sa difficulté à prendre sa vie en main. En ne remettant pas en doute l'éducation rigide et blessante de son enfance, elle maintient l'équilibre sclérosé de son système familial. Cet apparent confort étouffe sa vivance* et l'éloigne d'une infinité de possibles. L'exemple de Véronique rappelle que l'identification à une personnalité fictive crée à long terme des souffrances bien pires que celles qu'on tente d'endormir.

Le *je* cache bien souvent une identification à son enfant adapté. Le *je* donne l'apparence d'une unité psychique et semble se référer à sa personne entière. Cette illusion d'exister comme un être monolithique (fait d'un seul bloc) laisse dans l'ombre toutes les parties qui peuplent son paysage intérieur.

## Du un au multiple

Se croire uniquement un est une illusion.

Se croire uniquement un est une autodéfinition limitée.

Se croire uniquement un laisse souvent la place à une personnalité fictive.

Se croire uniquement un empêche de se désidentifier de ses peurs.

Explorer le multiple en soi n'est pas naturel.

Explorer le multiple en soi est inconfortable.

Explorer le multiple en soi est une opportunité de découvrir quelle est la partie en soi qui a peur.

Explorer le multiple en soi est une reconnaissance des multiples voix qui régissent le système intérieur.

Explorer le multiple mène à l'unification.

L'accomplissement, c'est réussir à vivre le multiple dans l'unifié.

## Explorer son système intérieur

*« Personne n'a jamais eu une sensation simple en soi : la conscience est une multiplicité grouillante d'objets et de relations. »*

**William James**

### L'organisation d'un système

Dans tout système, il y a une organisation plus ou moins fonctionnelle. Dans la plupart des entreprises, il existe des organigrammes qui expliquent la hiérarchie interne. Chaque famille s'inscrit aussi dans une organisation hiérarchisée sous la forme d'un arbre généalogique. Il en est de même pour le système psychique.

Au sein d'un système fonctionnel (harmonieux, constructif et évolutif), chaque membre est reconnu dans ses besoins et ses compétences. Il est responsable et influe positivement. Il participe à l'équilibre harmonieux de l'ensemble. Dans un système dysfonctionnel (enfermant, conflictuel et régressif), l'être souffre de contraintes qui peuvent devenir des fardeaux. Les rôles sont rigides. C'est un équilibre sclérosé qui est maintenu. L'opposition et la compétition règnent. La peur est omniprésente. Un système dysfonctionnel ne soutient pas l'individu dans sa créativité, l'expression et le développement de ses qualités. Il fait barrage à la réalisation de soi. La plupart des systèmes humains sont plus ou moins dysfonctionnels. Les dysfonctionnements naissent dans la famille, se développent à l'école et fleurissent dans le monde professionnel. Il est donc naturel que le système psychique présente un modèle initial qui ne favorise ni l'harmonie, ni la réalisation de soi.



## Un modèle de système psychique dysfonctionnel

Le dysfonctionnement psychique résulte de l'exil du Moi véritable. L'enfant intérieur exilé représente la vérité intérieure, c'est-à-dire les sensations, émotions, besoins et pouvoirs créatifs de l'enfant qui n'ont été ni autorisés, ni entendus, ni accompagnés. La souffrance naturelle et les blessures légitimes de l'enfant en soi demeurent enfouies. Ce sont le refoulement et le déni, et non les blessures de l'enfance, qui empoisonnent la vie de l'adulte.

L'enfant adapté* est la conséquence logique du long tunnel de l'oubli. En s'adaptant, l'enfant opte pour un fonctionnement censé mettre à distance la souffrance. L'enfant adapté reste conforme aux demandes réelles (exprimées ou implicites) de ses parents, mais aussi aux demandes imaginaires. Il les vit comme des injonctions, des commandements qui garantissent sa conformité aux règles de la famille. L'enfant adapté dans l'adulte veut obtenir ce qu'il n'a pas eu. Pour ce faire, il peut se perdre dans la victimisation ou la revendication. Ces stratégies polluent les relations avec son lot de désirs et d'exigences injustifiés sur l'autre.

Il arrive parfois que la voix de l'enfant intérieur exilé se fasse entendre. Une blessure s'exprime, souvent par le corps, et risque de mettre en péril l'équilibre précaire acquis. Une partie en soi nommée le pompier vient éteindre l'incendie de la souffrance intense qui risque d'émerger. La fonction du pompier à l'intérieur de soi est de faire taire les émotions intenses liées aux blessures passées. Le pompier prend « le contrôle total de la personne de telle sorte que celle-ci ne ressent plus rien qu'un besoin urgent de s'adonner à une activité qui l'apaisera ou provoquera en elle une dissociation[1] ». Le pompier crée des comportements compulsifs (abus de nourriture, de sexe, d'alcool, etc.), voire des dépendances (boulimie, alcoolisme, tabagisme, etc.).

Une autre partie, appelée le manager, endosse différentes casquettes pour maintenir la personnalité illusoire et refouler la vérité de l'enfant intérieur. On peut le repérer sous différentes formes : le contrôleur, le battant, le juge, le pessimiste, l'inquiet, etc. Le manager enferme l'individu dans des rôles rigides.

L'enfant adapté, le pompier et le manager garantissent un équilibre en utilisant les peurs-verrous. Le but est de garder l'enfant intérieur enfermé dans sa prison. À chaque fois qu'ils agissent, l'adulte est en transe. Hypnotisé, il obéit aux peurs d'adaptation. Il n'y a plus de pilote intérieur. Le pouvoir est laissé à une de ses sous-personnalités.

Toutes ces parties sont sous l'influence du parent ou leader autoritaire. C'est lui qui donne les commandements : ce que je dois ressentir, ce que je dois penser et comment je dois agir pour être conforme.

Éclairer les différentes parties de son système dysfonctionnel est essentiel pour sortir des transes et se désidentifier d'une personnalité fictive offrant un faux sentiment de sécurité, sécurité qui rime souvent avec conformité.

Le schéma ci-dessous présente un modèle du système psychique dysfonctionnel[2]. Cette représentation métaphorique montre l'organisation des parties psychiques essentielles et leurs liens avec les peurs-verrous et les peurs d'adaptation. Ce schéma vous permettra de mieux identifier vos sous-personnalités, de repérer leurs voix et de reconnaître leurs motivations.

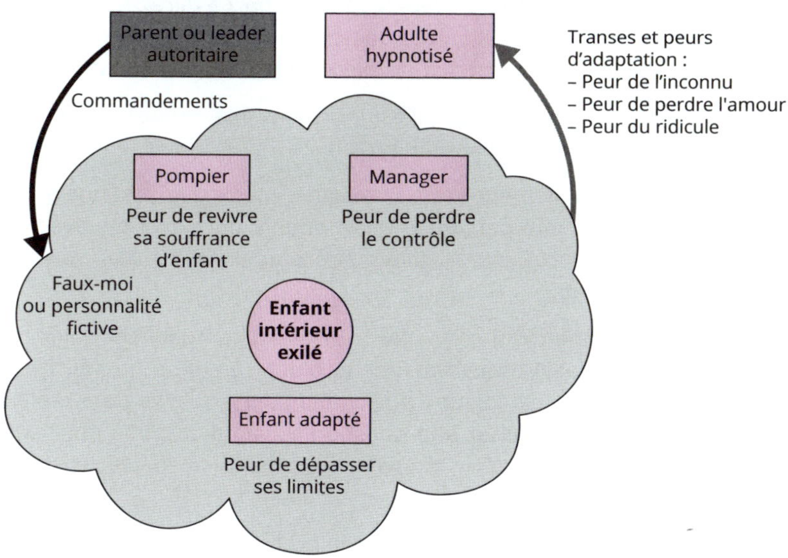

## Pratique du jour : L'auto-questionnement de libération

Un auto-questionnement régulier et de la perspicacité cultivent le choix conscient d'être soi. Seul le courage d'être soi[3] mène à plus de vivance* et de joie.

Vous avez l'habitude de prendre pour acquis que toutes vos décisions émanent de vous, de la personne que vous êtes. Vous réfléchissez et vous évaluez les meilleures possibilités avant de passer à l'action. Vous pouvez aussi agir spontanément sous l'impulsion du moment. Vous faites parfois des erreurs et vous tentez en général d'en retenir les leçons. Cependant, il y a une croyance que vous remettez peu en cause : quand je m'exprime, c'est bien moi qui parle, décide, choisis. Voilà une certitude apparemment confortable qui vous maintient pourtant en transe.

L'exercice suivant est fort utile dans les situations suivantes :

- Vous avez peur d'agir.
- Vous avez du mal à faire un choix.
- Votre décision ne vous paraît pas très adulte.
- Vous ressentez un conflit intérieur face à un choix à faire.
- Vous avez le sentiment d'avoir fait une erreur.
- Vous faites un choix dominé par la colère, la peur ou la tristesse.

**Phase 1.** Pour sortir d'une transe, il est indispensable de vous poser cette première question : « Qui s'exprime en moi ? »

Ne répondez pas simplement « moi ». Imaginez plutôt que c'est une partie à l'intérieur de vous, une personne à part entière qui s'exprime avec ses émotions, ses croyances, ses fragilités et ses qualités. Écoutez son opinion et ses arguments.

**Phase 2.** Pour Stephen Wolinsky « les transes s'accompagnent obligatoirement d'une contraction des muscles et d'une rétention du souffle[4] », tout comme la peur. C'est logique puisque la peur est l'énergie première de la transe. Avant de passer à la question suivante, inspirez puis expirez profondément. Prenez soin d'ouvrir légèrement les épaules et de les détendre.

Deuxième question de libération : « Suis-je profondément en accord avec la partie qui s'exprime en moi ? »

N'écoutez pas la réponse dans votre tête. Il est fort probable que vous entendrez une voix vous dire « oui » et une autre « non ». Cela ne vous avancera guère. La réponse n'est pas verbale mais corporelle. Elle jaillit du cœur. Si vous respirez mieux et que vous sentez votre cage thoracique s'ouvrir, la réponse est celle de l'expansion et de l'élan vital. Si au contraire vous vous refermez (vos épaules reviennent vers l'avant et le souffle est à nouveau plus court), la réponse est celle de la rétraction et de la peur.

**Phase 3.** Passez ensuite à l'action non-duelle. Vous perdez beaucoup d'énergie dans vos actions en continuant à écouter les réponses positives ou négatives. Un « bon choix » n'existe pas, un « mauvais choix » non plus. Ils sont les reflets de votre niveau de conscience. Une action non-duelle se détourne de cette pensée binaire pour écouter la seule boussole efficace, celle du cœur, du Soi.

Dernière question de libération : « Face à mon choix, suis-je ouvert, vivant, créatif et serein ? »

Suivre votre cœur ne fera pas taire vos doutes, hésitations et peurs mais les tiendra à distance. Écouter votre pilote intérieur vous transporte dans un autre espace, plus vaste et plus libre, où vous n'êtes plus associé à ce que vous pensiez être, à vos parties adaptées et limitées.

1. Richard C. Schwarz, *op. cit.* (p. 62).
2. Ce modèle est une synthèse de notre expérience et de nos travaux sur l'enfant intérieur. Les parties psychiques nommées « pompier » et « manager » sont empruntées au modèle du Système familial intérieur élaboré par Richard C. Schwartz dans son ouvrage, *Système familial intérieur : blessures et guérison – Un nouveau modèle de psychothérapie*, Elsevier Masson, 2009.
3. *Le courage d'être soi* est le titre d'un excellent livre de Jacques Salomé aux Éditions du Relié, 1999.
4. Stephen Wolinsky, *op. cit.* (p. 56).

TROISIÈME PARTIE

# Les peurs enfantines

« Il est possible de reprendre contact avec vos peurs enfantines. C'est une étape essentielle du processus de guérison. Par ce biais, vous mobiliserez pleinement vos capacités curatives d'imagination et de symbolisation. Vous découvrirez que vos monstres de l'enfance sont les gardiens de votre vérité intérieure. »

# JOUR 7
# L'enfant et la peur

## Que révèle la peur enfantine ?

*« Toutes les grandes personnes ont d'abord été des enfants.*
*Mais peu d'entre elles s'en souviennent. »*

**Antoine de Saint-Exupéry**

### La peur enfantine

Dans son ouvrage publié en 1917, *Introduction à la psychanalyse*, Freud rapporte une histoire émouvante. Un petit enfant est anxieux. Il est seul dans une pièce sombre et ne parvient pas à s'endormir. Il appelle sa tante qui se trouve dans la pièce voisine :

« Tante, parle-moi, j'ai peur. »

La femme l'interroge.

« À quoi cela te servirait-il puisque tu ne me vois pas ? »

Ce à quoi l'enfant répondit :

« Il fait plus clair lorsque quelqu'un parle. »

Chez l'enfant, la peur participe à son développement. Sa réponse souligne l'importance de son monde interpersonnel. Toutes ses émotions créent un cordon affectif avec ses parents en premier lieu puis avec les autres. Un attachement sain avec autrui est le fruit de nombreuses interactions comportementales, affectives et fantasmatiques.

L'enfant a besoin d'être reconnu comme une personne à part entière. Il attend que l'adulte référent, généralement son parent, participe à son monde pour l'accompagner à grandir. Il n'y a rien de pire pour un enfant de s'entendre dire que sa peur est ridicule, qu'il doit grandir et arrêter de faire l'enfant. La fonction première de la peur enfantine est de créer du lien.

## Le langage symbolique

L'adulte oublie que l'enfant évolue comme un poisson dans l'eau dans un langage symbolique. Son imaginaire est peuplé de monstres, de dragons, de bêtes féroces, de loups, de voleurs, de fantômes et de sorcières. Ces images mythiques nourrissent son langage premier. Il les investit, les utilise, les modifie et les élabore à l'infini.

Pour l'enfant, la peur est sœur jumelle de l'imagination. À chaque fois que l'enfant est anxieux, son imaginaire invente des images qui donnent corps à ses peurs ; il cherche à mieux les maîtriser. Les peurs enfantines sont naturelles. Elles accompagnent les nombreuses acquisitions vers l'autonomie.

Françoise Dolto affirmait : « On ne peut pas mentir à l'inconscient, il connaît toujours la vérité. » Le langage symbolique reflète l'inconscient. L'enfant intuitionne la vérité sur ses origines et son histoire familiale. Le cerveau empathique perçoit, dès l'enfance, la différence entre ce qui est dit et ce qui est éprouvé par le parent. C'est pourquoi Françoise Dolto invitait chaque parent à développer avec l'enfant un « parler vrai ». Écouter l'enfant et communiquer avec lui sur ses peurs est vital.

De nombreuses peurs naissent dans l'enfance quand des appréhensions naturelles (peur de l'eau, peur de l'autre, peur du grenier...) n'ont pas été explorées et accompagnées par un apprentissage progressif avec un éducateur bienveillant. Quand les peurs demeurent tapies dans l'ombre, elles génèrent chez l'adulte des angoisses ou finissent par se cristalliser sous forme de phobies.

La recherche de sens est essentielle pour l'être humain. Les contes et les mythes sont nourris de symboles. L'enfant est particulièrement sensible à ces images archaïques puisées dans l'inconscient collectif, la mémoire ancestrale de toute l'humanité. Ces représentations aident l'enfant à intégrer certaines vérités difficiles. Parmi ces symboles, le loup occupe une place de choix.

## La peur du loup

Le loup est une image archétypale, c'est-à-dire qui appartient à l'inconscient collectif. Depuis le début du Moyen Âge, le loup est l'incarnation de la cruauté et des instincts sanguinaires. L'Église ira même jusqu'à l'associer au mal et au diable. Les contes pour enfants comme *Les Trois Petits Cochons* ou *La chèvre de Monsieur Seguin* perpétuent la légende du grand méchant loup.

C'est aussi le cas du *Petit Chaperon rouge* des Frères Grimm. Cette histoire révèle la seconde fonction des peurs enfantines, éclairer la nature des désirs et des pulsions humaines.

> « Il était une fois une adorable petite fille que tout le monde aimait rien qu'à la voir, et plus que tous, sa grand-mère, qui ne savait que faire ni que donner comme cadeaux à l'enfant. Une fois, elle lui donna un petit chaperon de velours rouge et la fillette le trouva si joli, il lui allait si bien, qu'elle ne voulut plus porter autre chose et qu'on ne l'appela plus que le Petit Chaperon rouge. »

Le rouge symbolise l'élan vital et créatif, la vivance* comme une graine de vie déposée par les parents et dont chacun est responsable. Le conte dévoile l'emprise que les aïeux peuvent tisser sur un descendant. Ici, la grand-mère usurpe la place de la mère qui accepte cette situation.

« Un jour sa mère lui dit : "Tiens, Petit Chaperon rouge, voici un morceau de galette et une bouteille de vin[1] : tu iras les porter à ta grand-mère ; elle est malade et affaiblie, et elle va bien se régaler. Fais vite, avant qu'il fasse trop chaud. Et sois bien sage en chemin, et ne va pas sauter de droite et de gauche, pour aller tomber et me casser la bouteille de grand-mère, qui n'aurait plus rien. Et puis, dis bien bonjour en entrant et ne regarde pas d'abord dans tous les coins".

Je serai sage et je ferai tout pour le mieux, promit le Petit Chaperon rouge à sa mère, avant de lui dire au revoir et de partir. [...] »

L'enfant, dont le nom se rapporte uniquement au tissu offert par sa grand-mère, est sommée de s'adapter aux désirs de sa mère qui lui impose une mission au prix de sa liberté, de ses élans naturels et de sa vie. Elle sacrifie son enfant.

Pendant ce temps, le loup apprend où habite la grand-mère, la dévore et prend sa place.

« "Bonjour, grand-mère !"

Mais comme personne ne répondit, elle avança jusqu'au lit et écarta les rideaux. La grand-mère y était couchée, avec son bonnet qui lui cachait presque toute la figure, et elle avait l'air si étrange.

"Comme tu as de grandes oreilles, grand-mère !

— C'est pour mieux t'entendre.

— Comme tu as de gros yeux, grand-mère !

— C'est pour mieux te voir, répondit-elle.

— Comme tu as de grandes mains !

— C'est pour mieux te prendre, répondit-elle.

— Oh ! Grand-mère, quelle grande bouche et quelles terribles dents tu as !

— C'est pour mieux te manger", dit le loup, qui fit un bond hors du lit et avala le pauvre Petit Chaperon rouge d'un seul coup. [...] »

Le loup représente les désirs dévorants de la grand-mère sur sa petite fille. Ce conte alerte l'enfant sur les intentions des adultes qui ne sont pas toujours au service de son épanouissement et de son accomplissement. L'enfant a la connaissance intuitive que son parent ou grand-parent peut se transformer en loup ou en monstre dévorant. L'enfant est averti. Le danger existe. Dévorer l'enfant, c'est tuer son enfance.

À la fin du conte, un chasseur tue le loup, ouvre son ventre et libère le Petit Chaperon rouge et la grand-mère. Le chasseur sauve l'enfant des désirs et des attentes injustes de ses ascendants. L'enfant peut retrouver son élan vital et créatif* et le mettre à son service.

## Grandir avec sa peur

*« Grandir n'est pas s'enrichir de quelque chose de nouveau, mais découvrir ce que l'on a déjà à l'intérieur. »*

**Alexandre Jollien**

### La peur-apprentissage

Dans son attachement à ses parents, l'enfant est confronté aux désirs et aux pulsions de l'adulte. Le regard de l'adulte sur l'enfant n'est pas toujours sain. Il peut être faussé et perverti. Les peurs enfantines sont là pour mettre en lumière et en forme tous ces dangers invisibles qui guettent le lien parent-enfant. L'enfant, entièrement dévoué à son parent, le déifie jusqu'à l'âge de quatre ans. Un petit enfant ne peut pas remettre en cause ses parents. Il leur reste attaché inconditionnellement.

L'enfant a besoin d'être rassuré sur la nature nourrissante du lien avec son parent mais, en même temps, son inconscient l'alerte. Les peurs enfantines ne font pas qu'interroger la relation parent-enfant, elles traduisent aussi l'apprentissage de l'autonomie.

En chaque enfant, une pléthore de capacités émergent. La pédagogue Maria Montessori a été la première à reconnaître l'esprit absorbant de l'enfant qui enregistre l'information automatiquement, sans effort et à grande vitesse, sous le seuil de la conscience. L'enfant est comme une éponge. Il absorbe son environnement, autant d'impressions, de sensations et d'émotions qui s'incarnent en lui.

Les peurs enfantines sont les geysers de cette forte activité psychique. L'enfant apprend grâce à ses peurs, c'est pourquoi il aime se faire peur. La peur enfantine enseigne que l'émotion de peur n'est pas un dysfonctionnement. Elle le devient parfois quand l'enfant n'a pas eu l'espace nécessaire et l'attention suffisante pour s'y confronter.

Les peurs enfantines ont un pouvoir que la raison adulte ignore. Elles sont les forces vives et instinctives, la monture que l'enfant chevauche et dompte.

## À chaque âge, sa peur

Les peurs enfantines évoluent avec l'âge et l'environnement. Vous rappelez-vous des peurs que vous avez connues enfant[2] ?

| Âge | Peurs |
|---|---|
| 0-6 mois | Peur de tomber, bruits forts. |
| 7-12 mois | Visages inconnus, objets apparaissant brusquement dans le champ de vision. |
| 1 an | Séparation d'avec les parents, bains, blessures, visages inconnus. |
| 2 ans | Bruits forts, animaux (gros chiens), obscurité, séparation d'avec les parents, changements dans l'environnement immédiat. |
| 3 ans | Masques, obscurité, animaux, séparation d'avec les parents. |
| 4 ans | Séparation d'avec les parents, animaux, obscurité, bruits nocturnes. |
| 5 ans | Animaux, gens méchants, obscurité, séparation d'avec les parents, blessures corporelles. |
| 6 ans | Êtres surnaturels (fantômes, sorcières), blessures physiques, tonnerre et éclairs, obscurité, dormir ou rester seul, séparation d'avec les parents. |
| 7-8 ans | Êtres surnaturels, obscurité, peurs des événements rapportés par les médias, rester seul, blessures corporelles. |
| 8-12 ans | Devoirs, contrôles et résultats scolaires, blessures corporelles, tonnerre, mort, obscurité. |

Les peurs enfantines ne présument en rien des futures capacités de l'adulte. Un enfant très craintif peut, à l'âge adulte, rayonner d'une force intérieure et d'un courage exemplaire. C'était le cas de Gandhi. Les peurs enfantines sont parfois un terreau d'accomplissements.

## La peur du noir

Chez certains, la peur du noir ne s'est jamais vraiment apaisée. La perte de repères visuels figure le vide, le néant, la séparation, l'absence du lien avec ce qui rassure. La nuit ou l'obscurité d'une pièce réveille parfois chez l'adulte des terreurs enfantines qui, chez d'autres, se sont évanouies avec l'âge. Dans le noir, l'imaginaire s'emballe et produit des images angoissantes.

Une personne qui a peur du noir, de l'obscurité ou de la nuit a été autrefois un enfant abandonné à sa crainte. Philippe se confie : « J'ai toujours appréhendé le moment de me coucher. Je me sens ridicule de laisser à vingt-huit ans une petite veilleuse pour parvenir à m'endormir. » Se sentant seul, démuni, Philippe ignore qu'en lui un enfant appelle toujours sa mère. Il retrouve ce souvenir douloureux : « Entre huit et douze ans je pleurais régulièrement avant de dormir. J'avais peur que ma mère meurt. Elle était atteinte d'un cancer. Elle ne se plaignait jamais mais parfois elle poussait un petit cri et son visage se tordait de douleur. Cette image est restée gravée en moi. »

Philippe amadoue sa peur en adoptant un ours en peluche pour représenter l'enfant inquiet en lui. Il ritualise son coucher. Il commence à le rassurer, à le tenir serré contre lui et à l'embrasser tendrement. Il peut exprimer ce qu'il n'a jamais réussi à verbaliser enfant. L'enfant inquiet, symbolisé par cette peluche, reçoit ainsi toutes les marques d'affection et d'attention qui lui ont manqué. Sa peur du noir s'atténue en l'espace d'un mois. Il continue aujourd'hui à prendre soin de son enfant intérieur* par le biais de son ours en peluche.

## Les vertus de la peluche

Suite à la découverte de soixante-quinze mille ours en peluche oubliés dans les chambres, la chaîne d'hôtels Travelodge a mené une enquête. Les résultats sont étonnants. Les peluches retrouvées dans les quatre cent cinquante-deux hôtels en Angleterre appartenaient pour la plupart à des adultes. L'enquête rapporte que 35 % des adultes britanniques possèdent un doudou, 51 % des Anglais admettent avoir conservé l'ours en peluche de leur enfance et 56 % des participants à cette enquête trouvent légitime de posséder un doudou à l'âge adulte. Et pour cause, la peluche a des vertus déstressantes[3].

Figurer une partie de soi avec une peluche remémore la nature fragile et vulnérable du véritable Moi enfantin. Cela répond à un besoin viscéral de sécurité face à l'émotion de peur. Quand vient la nuit, cette présence à ses côtés évoque le doudou de l'enfance, un soutien imaginaire pour affronter ce qui est tapi dans l'obscurité. Si la confrontation avec le noir, les rêves et les cauchemars semble naturelle pour l'adulte, chacun conserve la mémoire enfantine de l'inquiétante étrangeté de son monde intérieur.

Nombre d'adultes utilisent une peluche comme objet transitionnel pour déraciner leurs peurs ou leurs angoisses[4]. C'est non seulement sain mais aussi très mature. Ils font appel à l'un des pouvoirs créatifs de l'enfance, la symbolisation. La peluche n'est plus un doudou, c'est un pont vers soi, une occasion de recréer des liens et de nourrir des échanges avec son être enfantin.

## Pratique du jour : Sondage sur les peluches

Nous vous suggérons de faire votre propre sondage auprès de vos proches, de vos collègues de travail ou auprès de simples connaissances. Cette enquête peut vous dévoiler un phénomène méconnu, souvent caché, et devenir l'occasion d'échanges riches et authentiques sur un sujet incontournable, la part d'enfance qui vit toujours en soi :

- Avez-vous un ours en peluche pour dormir ?
- Gardez-vous précieusement l'un de vos ours ou l'une de vos poupées de l'enfance ?

---

1. Les Frères Grimm ont remplacé le petit pot de beurre de la version de Charles Perrault par une bouteille de vin.
2. Ce tableau reprend les données rapportées par Stephen et Marianne Garber Robyn Spizman dans leur livre, *Les Peurs de votre enfant – Comment l'aider à les vaincre*, Odile Jacob, 1997. Cette liste n'est pas exhaustive.
3. Les résultats de cette étude sont présentés sur le site internet *www.magicmaman.com*
4. Pour plus de détails sur l'utilisation de « la peluche câline » voir notre ouvrage *S'ouvrir à son cœur d'enfant*, Seuil, 2005 (p. 191-192).

J'ARRÊTE D'AVOIR PEUR !

# JOUR 8
# Les monstres du placard

## La peur des monstres

*« La vraie peur, c'est quelque chose comme une réminiscence des terreurs fantastiques d'autrefois. »*

**Guy de Maupassant**

### Le rituel du coucher

Dans son film *Aliens, le retour* sorti en 1986, le réalisateur James Cameron propose une scène touchante entre son héroïne Ellen Ripley (Sigourney Weaver) et Newt, une petite fille, seule survivante des 157 colons de la compagnie Weyland-Yutani envoyés sur la planète LV-426.

« [...] Au lit. On ne discute pas. Voilà, tu es bien. Alors tu te caches sous les draps et tu vas dormir. Tu es très fatiguée.

— Je ne veux pas dormir. Je fais des cauchemars.

— Moi, je parie que Carole (la poupée de Newt) n'a jamais de cauchemars. On va regarder. Non, tout est parfait là-dedans. Tu vois. Alors, il faut que tu fasses comme elle.

— Ripley, Carole ne fait pas de cauchemars parce que c'est juste un bout de plastique.

— Tu as raison. Pardon Newt.

— Ma maman disait que ça n'existait pas les monstres. Que c'était pour rire mais il y en a.

— Oui, il y en a.

— Alors pourquoi les grands ils disent ça ?

— Parce que d'habitude, c'est vrai.

— Tiens, mets ça. (*Elle lui donne un bracelet trackeur GPS.*) Ça porte bonheur. Dors bien.

— Reste encore, s'il te plaît.

— Non, je ne pars pas, je serai juste à côté. Tiens, tu vois cette caméra juste au-dessus. Eh bien, je peux tout voir avec cette caméra. Alors elle me dira si tout va bien. Jamais, je ne te laisserai Newt. Jamais. Tu entends. Je te le promets.

— Tu promets hein.

— Croix de bois, croix de fer !

— Si tu mens, tu iras en enfer.

— Si je mens, j'irai en enfer. (*Elles s'étreignent et s'embrassent*.)

— Maintenant il faut dormir et pas de rêves du tout.

— (*La petite lui touche le front*. Rires.) Coquine ! »

L'angoisse peut être prégnante au moment du coucher. L'enfant a besoin d'un objet transitionnel (ici la poupée) pour incarner une présence rassurante. Le parent tranquillise l'enfant apeuré par ses mauvais rêves. Il réaffirme sa tendresse et son amour pour lui. Ce rituel du coucher accompagne l'enfant au seuil du sommeil.

Cette scène cinématographique est une métaphore des monstres imaginaires de l'enfance. En comparant ces monstres aux aliens bien réels du film, le réalisateur interroge les origines du besoin d'avoir peur. Les histoires à faire peur sont d'excellents remèdes contre la peur, une véritable catharsis.

### Les monstres existent

Les monstres de l'enfance dissimulés dans le placard ou sous le lit structurent, enracinent et, en même temps, déracinent les peurs profondes. Le psychologue et psychanalyste Marcel Sanguet précise : « Parce que l'humain possède un psychisme, c'est-à-dire une conscience et un inconscient, la peur se légitime et nécessite, à la différence de l'angoisse, un objet pour lui donner forme, pour "l'informer" en délimitant et en désignant l'espace et le temps du danger[1]. »

Les monstres sont l'incarnation de désirs larvés et de pulsions souterraines difficiles à maîtriser. Ils véhiculent tous les sentiments de honte, de culpabilité, d'impuissance ou de jalousie qui taraudent l'enfant. En les projetant à l'extérieur, il affronte plus facilement ce bouillonnement du « monstrueux » en lui.

Les monstres de l'enfance sont bien vivants, psychiquement parlant, dès l'âge de deux ans. Dans le noir, ils rôdent et communiquent avec l'enfant apeuré. La chambre à coucher est un de leurs terrains de jeux favoris.

## La chambre à coucher

La chambre à coucher est un espace personnel et intime. C'est un havre de tranquillité où il est possible de toucher le Soi profond. Le mot « chambre », du latin *camera*, signifie « voûte ». La chambre est comme une enceinte protégée, une matrice où peut se vivre une expérience régressive et reconstituante[2].

Dans sa chambre, l'enfant est exposé à sa peur du noir et aux êtres surnaturels qui s'y cachent. Cette confrontation est nécessaire pour qu'il grandisse sans la présence continue de ses parents. Il apprend à amadouer la coupure, la séparation que la nuit procure. La chambre devient un espace de ressourcement.

***Témoignage de Marie-France***

**“ Dans mon enfance, j'ai dormi dans la chambre de mes parents jusqu'à sept ans. Petite, j'assistais à leurs ébats amoureux sans jamais vraiment comprendre de quoi il s'agissait. Ensuite, j'ai dormi dans le salon puis dans la salle à manger où tout le monde passait. À quinze ans, j'ai rejoint mes deux sœurs aînées dans leur chambre. Je n'ai eu ma propre chambre qu'à l'âge de dix-huit ans. Plus tard, j'ai senti que ces événements apparemment anodins m'avaient profondément marquée. Privée de chambre et d'intimité dans l'enfance, je n'ai pas pu suffisamment vivre d'expériences intérieures. Mon attention, mes désirs et mes craintes se focalisaient sur mes parents et sur ma fratrie. Adulte, j'ai longtemps été inquiète et je m'ennuyais facilement. J'ai mis de longues années pour me connaître et me retrouver. Aujourd'hui, je suis plus intériorisée, j'ai acquis un lien plus profond et plus paisible avec moi-même.**

**Aujourd'hui, ma chambre à coucher est un sanctuaire où je prends du temps pour lire, méditer et écouter la petite Marie-France. Depuis que je développe des liens avec elle, je valide ce qu'elle a ressenti. Je me mets à sa place et je lui procure ce qui lui a manqué. Quand mon sentiment d'insécurité ressurgit, je l'accueille avec bienveillance. C'est un appel de la petite Marie-France qui me dit : « Occupe-toi de moi ! ». Je l'entends. Je lui murmure : « Je suis là », et mon inquiétude s'apaise rapidement. ”**

L'intimité réelle se cultive dans la relation à soi. Lorsque l'enfant ne peut pas apprendre à être seul, la relation interpersonnelle (relation aux autres) prédomine. Sa capacité à se comprendre, à discerner ses propres motivations, sentiments, besoins, forces, faiblesses et buts, est entravée.

Les personnes dotées d'une intelligence intrapersonnelle forte ont davantage de facilités pour accueillir et dompter leurs peurs, leurs angoisses, tout comme leurs désirs et leurs pulsions. Le lien de confiance et de sécurité avec soi se cultive dans la reconnexion et dans la reconnaissance de son vécu enfantin.

## Voyager au pays des monstres

*« Il est bien peu de monstres qui méritent*
*la peur que nous en avons. »*

**André Gide**

### Le film *Monstres et Cie*

Il est difficile d'être pleinement adulte sans fouler de nouveau les sentiers de son enfance. Les monstres du placard ou sous le lit sont à revisiter. Ces créatures fantasmatiques ont fait partie de votre vie intérieure, parfois de votre merveilleux jardin secret. Elles sont des ressources de connaissance de soi incroyablement riches.

Les monstres appartiennent au système psychique de l'enfant et tout adulte s'enrichit en décelant leurs anciennes fonctions. Le film d'animation de Pixar/Disney, *Monstres et Cie*, sorti en 2001, offre une vision réjouissante et profonde des peurs enfantines.

**1.** Ce film décrit la vie d'une communauté de monstres à Monstropolis. Certains d'entre eux travaillent dans l'entreprise Monstres et Cie située au cœur de la ville. En pénétrant par les placards dans les chambres des enfants, ils les terrifient. Les cris d'enfants sont recueillis et traités pour fournir l'énergie indispensable au bon fonctionnement de leur monde. Le grand monstre Jacques Sullivan (dit Sulli), considéré comme une vraie « terreur d'élite », sait épouvanter les bambins sans jamais les toucher. Tout contact physique avec un enfant humain est soi-disant mortel pour les monstres. Le slogan de l'entreprise est « *We scare because we care* », « Nous faisons peur parce que nous nous soucions de vous ».

*Analyse* : Les peurs d'enfant libèrent une énergie vitale. Elles sont saines et contribuent à la santé psychique.

**2.** Un incident survient. En entrant dans son placard au moment où les deux mondes sont en contact, une petite fille crée la panique chez les monstres. En pénétrant dans leur monde, elle met en danger le bon fonctionnement de Monstropolis. Sulli et son comparse Bob feront tout leur possible pour rétablir l'ancien équilibre en reconduisant la fillette, surnommée Bouh par Sulli, dans sa chambre. Mais Bouh n'a pas peur de l'univers des monstres qui lui est dévoilé. Elle s'y amuse beaucoup. Elle et Sulli (qu'elle appelle « Minou ») s'attachent l'un à l'autre.

*Analyse* : Les monstres ne sont pas dangereux. Ils peuvent être apprivoisés. L'enfant parvient à communiquer avec eux et ils deviennent des compagnons.

**3.** Durant ses maintes péripéties, Sulli apprend à dépasser sa peur de l'enfant. Elle est petite, en danger ; il choisit de la protéger. Grâce à elle, il découvre que les rires sont dix fois plus puissants que les cris d'épouvante des enfants. Devenu le président de Monstres et C$^{ie}$, il transforme la mission des monstres qui doivent à présent faire rire les enfants.

*Analyse* : Les monstres du placard sont des protecteurs et des gardiens. Pour l'enfant, ils mettent à distance les blessures et la souffrance. La peur qu'ils inspirent procure une soupape de sécurité pour la psyché et agit comme une défense primaire du Moi. Face aux « méchants » monstres, l'image du « bon » parent est conservée. Les monstres sont finalement des amis dont le destin est de retourner dans les limbes de la mémoire.

## Penser à vos monstres

Les monstres enseignent que la peur est une émotion naturelle. C'est une énergie qui met en mouvement, intensifie et amplifie l'existence. Canalisée, la peur participe à la vivance* en tant que motivateur biologique inné comme le plaisir ou la colère.

Et si, ce soir, vous pensiez à vos monstres avant de vous endormir ? L'un d'eux se cache peut-être sous votre lit, dans votre placard ou dans un tiroir. Il est de retour pour vous initier. Aujourd'hui, vous êtes prêt à entendre certaines vérités oubliées.

En apprenant à communiquer avec vos monstres oubliés et à éprouver de la tendresse pour eux, vous retrouverez une part indispensable de l'enfant que vous étiez.

## Pratique du jour : Dessiner son monstre

Munissez-vous d'une feuille de papier blanche et de quelques crayons de couleur. Vous allez utiliser votre main non directrice pour dessiner votre monstre. La main non directrice laisse plus facilement s'exprimer l'enfant en soi. Il s'agit de la main gauche pour un droitier et de la droite pour un gaucher. Si vous êtes ambidextre, choisissez la main avec laquelle vous avez le plus de difficultés pour écrire et dessiner.

**Phase 1.** Fermez les yeux. Visualisez l'enfant que vous étiez. Vous pouvez l'imaginer ou vous inspirer de photos de vous enfant. Respirez profondément puis prononcez à haute voix la phrase suivante : « Petit(e) (dites votre prénom), dessine-moi ton monstre. » Ne réfléchissez pas. Laissez faire votre main non directrice sans attente, ni jugement. Ne cherchez pas à bien faire. Abandonnez tout ce que vous avez pu apprendre sur le dessin et les monstres. Dessinez les formes et les couleurs qui viennent. Quoi que vous fassiez, votre geste sera juste.

**Phase 2.** Demandez à votre monstre : « Quel est ton nom ? » Notez-le sur votre dessin.

**Phase 3.** Cette nuit, vous dormirez avec le dessin de votre monstre sous votre lit. Cela peut vous paraître étrange mais vous en saurez plus demain !



---

1. *Le Bébé et ses Peurs*, Erès, 2000 (p. 8).
2. The Archive for Research in Archetypal Symbolism, *Le Livre des symboles – Réflexions sur des images archétypales*, Taschen, 2011 (p. 598).

J'ARRÊTE D'AVOIR PEUR !

# JOUR 9
# Apprivoiser son ombre

## À la découverte de son ombre

*« Celui qui ne connaît pas son ombre rencontre son destin. »*

**Carl Gustav Jung**

### La peur de l'ombre

Dans le film *La Belle et la Bête* de Jean Cocteau, la belle est effrayée par la bête. Elle finit par la voir au-delà des apparences. Elle la regarde, l'apprivoise et l'aime pour ce qu'elle est profondément. Son amour la transfigure. Elle redevient un bel homme.

La créature monstrueuse est un symbole de l'ombre. L'ombre est ce qui n'est pas éclairé. C'est ce que l'individu ne reconnaît pas et qui le poursuit inlassablement. L'ombre est le dépôt des aspects rejetés de la personnalité.

Tout ce qui n'est pas conforme est voué à stagner secrètement dans l'obscurité psychique. On évite de se confronter à son ombre car on porte un jugement sévère sur ce qu'elle recèle. En réalité, on a peur de ses propres fragilités et faiblesses. Le monstre est une image déformée des limites humaines. On fuit son ombre pour ne pas embrasser ce qui est mal aimé en soi.

Nier son ombre revient à s'appliquer à ne pas la voir chez soi mais aussi chez les autres, ce qui amène à de faux jugements et de fausses perceptions car on se laisse piéger par les apparences. Au final, tout ce que l'on nie et que l'on refuse de voir en soi et chez l'autre risque de prendre le pouvoir en faisant brutalement irruption dans sa vie.

### Découvrir son ombre

Tous les enfants ont peur des monstres. Ils se cachent, terrorisés, sous leurs couvertures. Ils apprennent à les observer et s'aperçoivent qu'il y a quelque chose de familier et de tendre derrière ces corps de monstres. Ainsi, l'enfant s'apprivoise lui-même en transcendant ses peurs.

L'adulte a le même chemin de découverte à emprunter avec les monstres qui vivent dans son ombre. Ils forment un véritable bestiaire fantastique.

## Qui se cache dans l'ombre ?

*« Ce n'est pas en regardant la lumière qu'on devient lumineux, mais en plongeant dans son obscurité. Mais ce travail est souvent désagréable, donc impopulaire. »*

**Carl Gustav Jung**

### Le bestiaire des créatures de l'ombre

Le langage symbolique demeure une ressource fondamentale en chacun. L'adulte a besoin d'images pour évoquer et toucher du doigt les forces audacieuses et inventives qui sommeillent en lui. Le succès des sagas comme *Le Seigneur des anneaux* ou *Harry Potter* prouve le besoin de métaphores et de symboles.

Les mythes modernes sont peuplés de créatures monstrueuses qui éclairent la vie psychique au même titre que les héros.

| La créature | Ses origines | Sa signification |
|---|---|---|
| Frankenstein | La créature du docteur Frankenstein apparaît au cinéma en 1910. Puis elle est immortalisée par un roman *Frankenstein ou le Prométhée moderne* de Mary Shelley en 1918. Ce géant naïf d'apparence humaine est rejeté par la communauté et par son propre créateur qui l'accuse d'avoir ruiné sa vie. | Cette histoire met en lumière l'illusion de toute-puissance. En voulant dépasser les limites humaines naturelles, le risque est de devenir orgueilleux, voire inhumain. L'ombre n'est pas accueillie et acceptée. L'imperfection est mal aimée, rejetée, bannie. Ce que l'on refuse de voir risque de sauter au visage, de devenir un fondement de la personnalité. « Qui veut faire l'ange fait la bête » écrivait Pascal. |

J'ARRÊTE D'AVOIR PEUR !

| La créature | Ses origines | Sa signification |
|---|---|---|
| Le Robot | Le mot est utilisé pour la première fois en 1920 par Karel Capek, un écrivain tchécoslovaque. Dans les langues slaves, la racine du mot signifie « travail, corvée ». Les robots hantent l'imaginaire depuis longtemps. Ils sont aujourd'hui une réalité. | Le robot classique est l'image de ce qui se perpétue sans changement, une mécanique bien huilée, sans vie organique et au service. Il figure la partie de soi obéissante à l'autre, sans désir ni volonté propre. Avec l'essor technologique, il représente aussi le Moi idéalisé et l'errance qu'apporte le perfectionnisme ou l'identification à une image de soi parfaite mais illusoire. |
| Le Vampire | Le vampire est une créature folklorique très ancienne. Il devient populaire au XVIII^e siècle et connaît la gloire avec le roman de Bram Stocker *Dracula* en 1897. Aujourd'hui le vampire est un personnage répandu à la télévision et au cinéma. Ce mort-vivant éternel se nourrit du sang de ses victimes pour se régénérer. | Le sang symbolise l'élan vital et créatif*. Le vampire est l'image des croyances et des comportements occultés qui affaiblissent la vivance*. Certaines relations peuvent se révéler toxiques quand un individu utilise l'autre à ses propres fins. Le vampirisme dans la relation est psychique et énergétique. |
| Le Zombie | La première mention du zombie remonte à 1697. Très présent dans la culture haïtienne et vaudou, c'est un mort réanimé par le pouvoir d'un sorcier qui le garde sous contrôle. Cette image se transforme et devient populaire en Occident avec le film de George A. Romero, *La Nuit des morts-vivants*, en 1968. Depuis, le zombie est devenu un phénomène de société avec la bande dessinée de Robert Kirkman et la série télévisée, *The Walking Dead*.<br>Le zombie est un mort-vivant, décérébré et cannibale. Il n'a plus de pensées, ni d'émotions. Il n'a plus de psychisme. C'est un être réduit à sa dimension organique, mû uniquement par l'instinct, le besoin jamais assouvi de chair humaine. | Le zombie est un aboutissement particulier de la forme humaine. Libéré de la mort, de la solitude, de la souffrance, de la recherche de sens et de conscience, il est noyé parmi une horde impersonnelle. Le mort-vivant avertit d'un danger, la contagion d'une uniformisation déshumanisante. Le potentiel de la personne humaine est oublié. La réalisation de soi, comme moteur de changement individuel et social, n'est plus accessible. |

Les créatures de l'ombre hantent parfois les rêves. Elles s'attachent à dénoncer les travers du Moi adapté et de la société. Elles mettent en scène les peurs, les désirs et les pulsions à apprivoiser. La créature, au même titre que l'ange, est un intercesseur avec ce qui est caché. Son aspect monstrueux ne figure pas sa véritable nature mais son exil dans l'obscurité. D'aspect terrifiant, la créature veut attirer l'attention. Elle remet en cause la normalité telle qu'elle a été définie par le cadre familial et social.

La créature de l'ombre est l'héritière du monstre de l'enfance. En se confrontant à elle, on devient plus complet.

### L'enfant apeuré en soi

Les peurs existent pour dissimuler la souffrance non exprimée, niée, oubliée. Elles dissuadent celui qui n'est pas prêt à embrasser et à aimer le petit enfant exilé et blessé qui se languit d'amour.

Cet enfant blessé espère une oreille attentive à ses maux et des bras tendus pour le rassurer. Il a peur de ne jamais pouvoir rentrer à la maison. D'aucuns ignorent que la confiance en soi et en la vie se cultive dans la relation avec l'enfant intérieur. Cette communication intrapersonnelle est à inventer. Elle s'épanouit pleinement dans la symbolisation, le dessin et l'écriture spontanés.

Plus on fuit son enfance, plus l'enfant adapté* exerce sur l'adulte un contrôle rigide. Nombre de relations destructrices résultent du déni de l'enfant intérieur, de ses blessures, de sa souffrance légitime et de ses besoins oubliés. Que votre enfant intérieur* soit apeuré est naturel. Il est seul et abandonné. Il a besoin de vous. Vous avez le pouvoir de le rassurer, vous êtes assez fort pour l'aimer tel qu'il est.

## Pratique du jour : Communiquer avec son monstre

Rejetés dans l'ombre, oubliés, vos monstres de l'enfance attendent impatiemment votre retour. Ils sont une expression symbolique de votre vérité intérieure oubliée, la porte d'entrée vers l'inconscient et le refoulé.

Communiquer avec eux libérera une énergie vitale primordiale et validera la vérité de votre enfant intérieur.

**Phase 1.** Reprenez le dessin de votre monstre d'hier. Il a passé la nuit sous votre lit. C'est sa place et il est sans doute très content d'être rentré à la maison. Regardez votre monstre. Que ressentez-vous ?

**Phase 2.** Voici une liste de questions que vous allez poser à votre monstre. Préparez une feuille de papier sur laquelle vous noterez les réponses avec votre main non directrice :

- Quel danger symbolises-tu ?
- Quel traumatisme caches-tu ?
- Quelle blessure dissimules-tu ?
- Quel besoin préserves-tu ?
- Quelle vérité me délivres-tu ?
- Quel message m'offres-tu ?

N'analysez pas vos réponses. Laissez-vous toucher par ce qui émerge.

**Phase 3.** Observez de nouveau votre monstre. Que ressentez-vous ? Y a-t-il quelque chose de différent dans votre perception et votre ressenti ? Êtes-vous prêt à l'accepter comme ami ?

**Phase 4.** En utilisant votre main non directrice et des crayons de couleur, vous allez ajouter sur votre dessin des formes et des mots pour répondre aux besoins de votre monstre. Il pourra ainsi vivre paisiblement en vous.

QUATRIÈME PARTIE

# Les peurs relationnelles

« Des peurs encombrent vos relations et distillent de la violence dans votre communication avec autrui. La violence, qu'elle soit verbale, psychologique ou physique, se nourrit de la peur et génère son lot d'incompréhensions et de souffrances. Cette étape est un guide pour sortir du cercle vicieux de la peur et de la violence afin d'être en relation de façon harmonieuse avec soi et les autres. »

# JOUR 10

## La peur et la violence

### Au cœur de la relation

*« La violence est le déguisement favori de la peur. »*

**Jacques Salomé**

**La vision de Don Quichotte**

Voyageant gaiement sur son cheval Rossinante, le valeureux chevalier Don Quichotte de la Manche aperçut, dans une vaste plaine, trente ou quarante moulins à vent. Il dit à son écuyer Sancho Pança : « La fortune nous sourit. Voyez ces géants démesurés et hautains qui barrent notre route. Je n'en ferai qu'une bouchée. En leur ôtant la vie, nous commencerons à nous enrichir. – Quels géants ? répondit Sancho, ne voyez-vous pas que ce sont des moulins. Ce qui ressemble à des bras menaçants sont leurs ailes déployées dans le vent. » Furieux, Don Quichotte lui lança : « Il semble bien que tu ne sois pas aguerri aux arts de la guerre. Si tu as peur, reste ici pendant que j'entre dans une furieuse et inégale bataille. » La lance dirigée vers l'ennemi, il s'élança au galop en éperonnant les flancs de sa pauvre monture éberluée. Il porta un coup de lance dans la pale d'un premier moulin. Le vent la fit tourner avec une telle violence que le chevalier et son cheval furent projetés dans les airs. Sancho vint à leur secours : « Ne vous avais-je pas prévenu ? Personne ne pouvait ignorer qu'il s'agissait de moulins à vent à moins d'en avoir de semblables dans la tête. » Le chevalier vexé remonta sur son cheval et partit vers d'autres aventures[1].

## Communiquer ou se battre

Les relations interpersonnelles sont souvent faussées par l'image que l'on se forge d'autrui. L'autre, avant d'être une personne à part entière, est une image complexe. On projette sur son prochain une partie de sa propre histoire familiale et relationnelle. Le cortège des expériences passées est un prisme incontournable dans la perception de l'autre. Lorsqu'on rencontre une personne, on l'étiquette souvent rapidement et de façon manichéenne. Des centaines d'informations subtiles sont traitées par le cerveau. Ainsi, l'autre est classé dans le registre des mauvaises expériences ou dans celui des bons souvenirs.

Certaines relations semblent poser le dilemme suivant : communiquer ou se battre. Sans même en prendre conscience, on oscille parfois entre ces deux alternatives. Un jour, je suis heureux de m'ouvrir à l'autre, de découvrir qui il est et d'exprimer ce qui vit en moi. Le lendemain, je suis soupçonneux, fermé à l'autre. Toute méfiance engendre un état de guerre, la guerre de chacun contre chacun. C'est à ce moment que la communication se charge de violence.

*La Vision de Don Quichotte* est un récit où tout individu peut décrypter avec humour le drame de sa propre vie. Don Quichotte veut se battre contre des moulins à vent. Qui n'a pas tendance à justifier ses combats ? L'un se sent offensé, l'autre veut avoir raison. L'un cherche à profiter, l'autre à prendre toute la place. La relation est souvent le champ de vains enjeux souterrains. Pourquoi ? Parce qu'au cœur de la relation et de la communication se logent, intrinsèquement liées, des peurs relationnelles et de la violence. L'origine de toute violence est dans la peur de l'autre.

## L'intelligence relationnelle

Le psychologue américain et créateur de la Communication Non Violente, Marshall B. Rosenberg, affirme : « La violence – qu'elle soit verbale, psychologique ou physique, qu'elle se manifeste au sein de la famille, entre des tribus ou entre des nations – émane d'un mode de pensée qui attribue la cause du conflit aux torts de l'adversaire et d'une incapacité à admettre sa propre vulnérabilité ou celle de l'autre – c'est-à-dire à percevoir ce que l'on peut ressentir, craindre, désirer, etc[2]. » Percevoir et exprimer ce que l'on ressent, désire, espère, craint… est au cœur de la relation. C'est le fondement d'un échange sain, riche et respectueux entre les êtres.

Les dernières recherches neurophysiques confirment que le cerveau humain est neurosocial[3]. Les neurones miroirs permettent d'entrer en résonance empathique avec l'autre, de ressentir ce qu'il ressent en positif comme en négatif. Les neurones en fuseau offrent une réponse éclair et hors de toute conscience aux incroyables perceptions de l'individu. Par exemple, chacun capte instinctivement la signification d'un sourire parmi les dix-huit sortes de sourire. La majorité du temps, chacun ne voit que ce qu'il désire.

Toutes ces découvertes ouvrent à une nouvelle compréhension des relations humaines :

- Je suis sensible à la qualité d'une relation car j'adopte les émotions avec lesquelles je suis régulièrement en contact.
- Je suis sensible à la souffrance de l'autre qui évoque la mienne et, en le secourant, je cherche fondamentalement à soulager ma propre souffrance.
- Par mimétisme, je désire naturellement ce que l'autre désire.

L'ouverture à autrui est une caractéristique centrale du fonctionnement cérébral. Le cerveau humain est mimétique et empathique. Chacun a besoin d'un contact direct, physique et sensoriel avec son semblable. La présence à l'autre est indispensable au développement de l'intelligence relationnelle. Plus important encore, la relation et la communication s'apprennent. Ces apprentissages sont primordiaux pour s'émanciper des modèles dysfonctionnels, sources de peurs et de violence dans la relation.

## Sortir de la violence

*« En tant que parents, nous devrions savoir que toute forme de violence dans l'éducation tue l'amour. »*

**Alice Miller**

### La violence dans la relation

Récemment les parents d'un petit garçon de deux ans nous ont fait part de leur inquiétude. Ils craignaient que leur enfant souffre d'un retard psychologique. Selon leurs termes, il ne parvenait pas « à se concentrer sur des tâches précises, ne pensant qu'à jouer avec insouciance ». Ces parents, visiblement préoccupés et attachés au bien de leur enfant, semblaient sincères.

Nous leur avons répondu que l'activité de leur enfant était des plus intelligentes et des plus nécessaires à son développement. À deux ans, le jeu est une élaboration de divers apprentissages. Nous les avons encouragés à revoir leurs principes pédagogiques en leur rappelant que le jeu est une merveilleuse contribution à la vie en soi et autour de soi. Observer et jouer avec son enfant permet de construire une relation saine et enrichissante avec lui.

Pour Marshall B. Rosenberg, « la violence vient de notre éducation et non de notre nature[4]. » Toute éducation devient violente quand elle entrave la vivance*, ce formidable élan vital qui anime et dynamise chacun. L'éducation parentale constitue un modèle relationnel de référence. L'enfant apprend à obéir aux désirs émis par ses parents et en oublie ses propres besoins. La plupart des parents ont des attentes quotidiennes, implicites ou explicites, envers leurs enfants. Tel père exige que sa fille arrête de chanter pour pouvoir lire tranquillement son journal. Telle mère ne supporte pas les pleurs de son fils et entre dans une colère folle. C'est la répétition de ces comportements qui blesse l'enfant et l'oblige à se nier, à renoncer à son désir propre.

La négation de l'enfant génère une violence qui s'imprime en lui aussi sûrement qu'une tache d'encre sur un buvard.

## Les sources de violence

La vivance* est une libre circulation des sensations, émotions et besoins. À chaque fois qu'une personne est entravée dans ses besoins essentiels et contrainte au silence, elle est victime d'une violence. Cette violence engendre une souffrance sourde et muette. Elle se dépose comme un couvercle sur un vécu intérieur étouffé.

La violence est générée principalement par la peur de l'autre. Éduqués à ne pas faire cas de leurs ressentis et besoins, nombre d'individus perpétuent la violence quand ils se sentent menacés. Dans les exemples précédents, ce père, ne parvenant pas à exprimer son besoin de tranquillité, fait taire sa fille. Cette mère, ne reconnaissant pas son besoin de prendre un temps pour elle, ne peut plus être à l'écoute de son fils. Moins on répond à ses besoins et plus on pénètre dans une zone d'intolérance où l'autre est perçu comme une menace à son équilibre.

Il est difficile de reconnaître sa fragilité et d'en prendre soin. Il est difficile de s'assumer comme une personne imparfaite avec des ressentis multiples et contradictoires. Pourquoi ? Parce qu'une part importante de l'éducation courante s'emploie à cadenasser le vécu intérieur de l'enfant. Quand l'expression libre et naturelle est déniée, l'enfant se sent considéré comme un objet et non plus comme une personne. Cela crée en lui une grande violence. Il doit répondre aux attentes de l'autre et non aux siennes. Il exigera la même chose de l'autre dans ses futures relations. Les « il faut », les « tu dois » et les sanctions ou punitions élèvent l'enfant dans l'obéissance et la peur.

L'écrivain Daniel Pennac confie son expérience de « cancre » à l'école : « En tout cas, oui, la peur fut bel et bien la grande affaire de ma scolarité ; son verrou[5]. » L'école reste encore trop souvent un espace d'expérimentation de la peur, et de fait, de la violence. Un enfant formaté et adapté, une fois adulte, se comporte avec ses semblables comme ses parents, puis ses professeurs se sont conduits avec lui.

À chaque fois que vous ne reconnaissez pas votre ressenti, que vous n'acceptez pas l'autre dans sa différence et que vous ne lui accordez pas le droit d'avoir sa propre perception, vous l'intégrez comme un objet et non plus une personne. Pourquoi ? Parce que vous vous sentez directement menacé dans votre unicité, votre identité et votre survie. C'est la source fondamentale de toute violence dans les relations.

La peur et la violence endommagent le cœur du Moi profond. Elles provoquent un exil du Moi authentique et spontané. Ne subsiste alors qu'une personnalité dans la survie et la compétitivité où autrui est une menace.

### La violence dans la communication

Le célèbre psychosociologue Jacques Salomé a consacré une grande partie de sa vie et de ses recherches à créer « une approche pour permettre à chacun de se relier au meilleur de lui comme au meilleur de l'autre[6]. » Pour développer une intelligence relationnelle et une communication sans violence, il propose, dans un premier temps, de détecter tout ce qui entrave la bienveillance dans la relation avec l'autre. Voici les cinq piliers du système SAPPE[7] générant de la violence dans la communication :

- Les injonctions, les « il faut », « tu dois », dictent à l'autre sa manière de penser, de ressentir, de s'exprimer et d'agir.
- La dévalorisation et la disqualification amoindrissent la valeur et l'estime de l'autre. Par exemple à l'école, ce sont les étiquettes assassines de « nul », « cancre », « mauvais »...
- La culpabilisation est très présente dans la notion du devoir de l'enfant vis-à-vis de son parent. Alice Miller rappelle avec sagesse : « Tous les enfants aiment leurs parents, sans avoir besoin d'un commandement pour le leur prescrire[8]. » La culpabilisation est utilisée pour garantir un devoir d'amour et une fidélité aveugle. Elle veut faire croire à l'autre qu'il porte la responsabilité, la faute de ce qui arrive.
- La menace dépose une peur sur l'autre en brandissant un possible danger : « Tu vas tomber », « Ça va mal finir ! », etc.
- Le chantage est une tentative d'exercer une influence sur l'autre par la menace : « Si c'est comme ça, je ne pars pas en vacances avec toi. »

Nous aimerions ajouter trois autres piliers aliénants dans la communication que nous avons régulièrement détectés dans notre pratique :

- La victimisation est pernicieuse. Une personne dans la victimisation se plaint et vous montre à quel point elle souffre ou combien elle est impuissante. Si vous collaborez à son système, vous adopterez le rôle de bourreau ou de sauveur, et vos liens deviendront toxiques et énergétivores.
- La comparaison est un véritable poison, un cancer de la relation. Elle est une négation de sa spécificité en tant que personne unique.
- La déresponsabilisation est un autre poison relationnel. Elle consiste à faire peser sur l'autre la responsabilité de son ressenti : « Si je suis en colère, c'est de ta faute. » On détient 100 % de responsabilité vis-à-vis de son ressenti. Je suis responsable de ce que je ressens ; personne ne s'est introduit en moi pour instiller une émotion.

Ces piliers sont les principaux destructeurs de la qualité, de la sécurité et de l'intimité dans la relation. Toute relation vraie crée de l'intimité, c'est-à-dire un profond respect, des échanges, de la transparence et de la réciprocité. Ces piliers créent des violences qui agissent directement sur les peurs relationnelles comme la peur d'être rejeté.

### Première peur relationnelle : la peur d'être rejeté

La peur de l'autre est omniprésente. Faire face à l'autre est une confrontation avec sa propre humanité. Suis-je prêt à découvrir ce que l'autre reflète de moi ? Si la réponse est oui, la peur de l'autre est saine. L'appréhension cède le pas à la joie du partage, à l'accueil de la différence, aux désaccords et à la gratifiante recherche de ce qui unit et réconcilie. Si la réponse est non, la peur de l'autre prospère et handicape les relations.

***Témoignage d'Emmanuel***

« **Chaque semaine, je pratique le badminton. Un soir, je joue en double avec un coéquipier expérimenté contre une autre équipe. À l'issue de deux matchs perdus, il m'assène : « Écoute Emmanuel, je vais jouer avec quelqu'un d'autre, tu es trop mauvais ! » Je sens aussitôt dans mon corps tout entier la peur. Une voix intérieure me susurre : « Tu vois bien, tu es nul. Personne ne veut de toi. » En l'espace d'une seconde, je plonge dans une transe profonde. Je régresse à l'âge adolescent où ma timidité me coupait des autres. J'imagine que, dans le futur, les autres refuseront de jouer avec moi. Une profonde tristesse m'accable. De vieux démons ressurgissent. La peur et la souffrance d'être rejeté m'envahissent. Je ne suis plus capable d'être en relation avec mon coéquipier, ni avec quiconque dans ce gymnase. Une partie de moi est en colère contre mon coéquipier. Tout cela n'est-il pas de sa faute ? Que faire ? Fuir ou, à l'image de Don Quichotte, attaquer ?**

**La relation avec l'enfant en soi est au cœur de la vie. Chaque personne peut embellir sa vie et le monde en prenant la responsabilité de la guérison de son enfant intérieur. Assis dans les gradins, les yeux fermés, je retrouve le jeune Emmanuel perdu et triste de treize ans. Je lui demande : « De quoi as-tu besoin ? » Les yeux remplis d'espoir, il me murmure : « Prends-moi la main et encourage-moi. » Je le réconforte avec des mots rassurants. L'enfant exilé symbolise le petit et le fragile en soi, une part du Moi véritable qui a besoin de se dire, d'être entendu et d'être validé dans son ressenti. Je me sens beaucoup mieux, comme de nouveau unifié, et je reprends avec joie un nouveau match avec un autre coéquipier.** »

Chacun éprouve régulièrement et plus ou moins consciemment un sentiment de rejet. Alors comment vivre au milieu des autres et avec les autres sans craindre de souffrir ou de faire souffrir ? Comment prendre soin de son enfant intérieur* ?

J'ARRÊTE D'AVOIR PEUR !

## Pratique du jour : Évaluer le niveau de violence dans ses relations

Tout changement commence par soi. Observez-vous dans vos différentes relations (familiales, affectives ou professionnelles) et dans la relation avec vous-même.

Dans quelle proportion avez-vous recours à ces piliers toxiques ? Pour chacun d'entre eux, placez deux curseurs au crayon à papier sur les repères ci-dessous (un pour vos relations avec les autres et un pour votre relation avec vous-même).

1. Injonction – - - - - +
2. Dévalorisation/disqualification – - - - - +
3. Culpabilisation – - - - - +
4. Menace – - - - - +
5. Chantage – - - - - +
6. Victimisation – - - - - +
7. Comparaison – - - - - +
8. Déresponsabilisation – - - - - +

Si vous constatez, dans les semaines qui viennent, des améliorations, pensez à déplacer les curseurs.

Il est possible aussi que vous placiez les curseurs à la hausse. Ne vous inquiétez pas. Vous prenez vraiment conscience de la violence dans vos relations.

---

1. Notre récit « *La vision de Don Quichotte* » est une adaptation des débuts du chapitre VIII de l'œuvre de Miguel de Cervantès, *L'Ingénieux Hidalgo Don Quichotte de la Manche*, Diane de Selliers Éditeur, 2012 (p. 59).
2. Marshall B. Rosenberg, *Les mots sont des fenêtres (ou bien ce sont des murs)*, Éditions La Découverte, 2005 (p. 36).
3. Boris Cyrulnik, Pierre Bustany, Jean-Michel Oughourlian, Christophe André, Thierry Janssen, Patrice Van Eersel, *op. cit.*
4. Marshall B. Rosenberg, *Spiritualité pratique – Les bases spirituelles de la Communication Non Violente*, Jouvence Éditions, 2007 (p. 28).
5. Daniel Pennac, *Chagrin d'école*, Gallimard, Folio, 2007 (p. 26).
6. Citation de son livre, *La ferveur de vivre*, Albin Michel, 2012 (p. 19). Les fondements principaux de son approche sont réunis depuis 1997 dans la Méthode ESPERE®, sigle signifiant Énergie Spécifique Pour une Écologie Relationnelle Essentielle (ou à l'École).
7. SAPPE, sigle signifiant Sourd Aveugle Pervers Pernicieux Energétivore. Le système SAPPE (enseigné dans la méthode ESPERE®) se développe dans une relation de type dominant/dominé où l'autre est en grande partie objetisé.
8. Alice Miller, *Ta vie sauvée enfin*, Flammarion, 2008 (p. 253).

# JOUR 11
# Le reparentage

## Être un bon parent pour soi

*« Le parent attentionné est une instance intérieure en étroite relation avec notre Moi supérieur et nos pouvoirs supérieurs. »*

**Lucia Capacchione**

### Les retrouvailles avec son enfant intérieur exilé

En prenant la responsabilité de ses ressentis et le parti de l'enfant en soi, chacun éveille davantage son potentiel créateur et s'ouvre naturellement à des expériences qui embellissent sa vie. L'enfant intérieur incarne une capacité de vivance* et d'existence que l'adulte a, en grande partie, perdue. Cet enfant a besoin de s'accomplir pleinement. Pour grandir, il a besoin d'un nouveau parent pour combler les déficiences de ses parents biologiques. Se reparenter* est l'apprentissage du prendre soin, prendre soin de son enfant intérieur. Plus j'aime mon enfant intérieur, plus la vie m'aime en retour.

### Devenir un bon parent pour soi

Devenir un bon parent pour soi nécessite d'être à l'écoute de son pilote intérieur, le Soi*. Il est difficile d'entendre sa voix dans le brouhaha du mental. Le retrait en soi facilite l'écoute de ce leader actif et plein de compassion.

Les travaux des psychologues américains Malcolm Owen Slavin et Daniel Kriegman ont confirmé que le vrai Soi se dissimule en partie dès l'enfance pour préserver les véritables besoins et les pouvoirs créatifs de l'être quand leur expression est impossible[1].

L'enfant est dépendant et s'adapte[2] pour obtenir les nourritures affectives nécessaires à son développement, même si ces dernières sont pauvres et accompagnées de mauvais traitements. La dissimulation du Soi perdure à l'âge adulte tant que l'individu reste attaché à ses figures parentales en espérant secrètement recevoir un jour ce qui lui a tant manqué. L'espoir illusoire d'être réparé par ses parents entretient en chacun un magma émotionnel de peur, de colère et de tristesse.

L'enfant possède un esprit absorbant et sensitif. Pour poursuivre son développement, il n'a pas d'autre choix que de réprimer son ressenti pour être conforme à l'image que ses parents ont de lui. Il apprend à refouler sa peine et ses frayeurs. Adulte, lorsque les émotions enfantines ressurgissent, les stratégies de survie précocement acquises sont réactivées. C'est pourquoi devenir un bon parent pour soi n'est pas instinctif.

Le premier réflexe de l'adulte face aux émotions de l'enfant blessé en lui est :

- le refoulement ou le déni avec un message du type : « Je n'ai pas de souvenirs », « J'ai eu une belle enfance » ;
- le rejet : « Tais-toi », « C'est ridicule » ;
- le fatalisme : « Oui et alors, on ne peut rien y faire » ;
- la critique ou la condamnation : « Je ne suis pas gentil », « Je suis dans le jugement » ;
- et la rationalisation : « J'ai moins souffert que les autres », « Mon parent a fait de son mieux », « C'était comme ça à l'époque ».

Toutes ces stratégies sont les signes d'une difficulté à devenir son propre parent. Elles révèlent un attachement toxique à ses figures parentales et aux préceptes éducatifs nocifs subis dans l'enfance.

Être un bon parent pour soi est une réponse empathique et bienveillante aux besoins de son Moi véritable. C'est une étape-clé pour des relations plus justes et plus épanouissantes. Lucia Capacchione précise : « Il est maintenant reconnu que le fait de diriger toute notre capacité d'attention et d'amour (celle de notre parent attentionné) vers les autres aux dépens de nous-mêmes nous précipite dans des relations de co-dépendance[3]. » La co-dépendance est un ensemble de comportements inadéquats (vouloir changer l'autre, nier ses propres besoins, endosser un rôle de sauveur, etc.) dans une relation avec une personne dépendante.

## Deuxième peur relationnelle : la peur d'être jugé

L'enfant intérieur exilé vit reclus dans un lointain passé. Isolé, il a perdu confiance en l'autre. La peur de l'autre est une protection qui cache une blessure maîtresse de l'enfance, le manque d'amour[4]. Cette blessure universelle est rarement reconnue et son refoulement empoisonne les relations. À chaque fois qu'un enfant n'est pas considéré comme une personne à part entière, il ressent un manque d'amour et grandit avec la peur inconsciente de l'autre.

Nombre d'adultes continuent de réagir à partir de cette peur. Ils craignent de ne pas recevoir ce qui leur a manqué enfant : amour, considération, écoute, attention, parfois une simple réponse à leurs demandes, etc. Leurs comportements et leurs exigences vis-à-vis de l'autre trahissent leur incapacité à combler leurs besoins. Telle femme, ne parvenant pas à se rassurer, exige de son mari qu'il lui téléphone plusieurs fois par jour. Tel homme, continuellement dans l'agitation et la précipitation, vit à cent à l'heure pour fuir le sentiment de vide qui l'assaille. Derrière ces comportements se cachent des besoins véritables. Pourquoi est-il si difficile de répondre à ses besoins ? Bien souvent, c'est la peur d'être jugé.

Quels sont ces jugements suspendus comme un couperet au-dessus de ma tête ? Si vous les écoutez, ils sont multiples et exigent obéissance et conformité à votre cadre familial, culturel et social d'origine. Un jugement prévaut sur tous les autres, l'égoïsme. Si vous prenez soin de vous et de vos besoins, une voix ne tardera pas à surgir : « Tu es égoïste », « Tu ne penses qu'à toi ».

*Témoignage d'Emmanuel*

**« J'ai entendu ma mère me marteler ces mots en d'innombrables occasions. Aujourd'hui cette voix ne résonne plus en moi. Elle s'est tue. J'ai découvert une vérité toute simple : tout ce qu'une personne fait, elle le fait en premier lieu pour elle-même. Le grand psychothérapeute américain Irvin Yalom ajoute : « Vous découvrirez que personne n'a jamais, jamais, agi entièrement pour les autres. Tout acte est dirigé vers soi, tout service ne sert que soi, tout amour n'aime que soi[5]. » L'individualisme sain consolide l'autonomie du Moi et défend la spécificité de chacun en tant que personne. »**

Chaque fois que la peur d'être jugé vous envahit, c'est le signe d'une défaillance de vos fondations individuelles. Répétez-vous tout haut, à plusieurs reprises : « Je suis un être humain, vivant et unique. » Ne vous souciez pas des individus qui crient à l'égoïsme. Observez-les attentivement et méditez sur la définition d'Antony de Mello, un prêtre jésuite psychothérapeute d'origine indienne : « Ce qui est égoïste, c'est d'exiger que les autres vivent leur vie comme vous l'entendez [...] selon vos goûts, ou pour votre profit, ou pour votre fierté, ou pour votre plaisir[6]. » Cette pensée transformera inévitablement votre perception de vous-même et de l'autre.



L'égoïsme est généralement condamné par ceux qui objetisent le plus souvent les autres. « Tu es égoïste » ou « Tu ne penses qu'à toi » sont des exigences à peine déguisées : « Occupe-toi de moi avant tout », « Sacrifie tes besoins pour les miens ». La prochaine fois que l'on vous reprochera votre égoïsme, éclairez vos motivations intérieures. Désirez-vous que l'autre soit à votre service ou êtes-vous simplement dans l'expression et la défense de vos besoins essentiels ?

Tout ce que je fais, je le fais en premier lieu pour moi-même. Si je suis à l'écoute de mon enfant intérieur et n'ai aucune exigence sur l'autre, je contribue à la vivance* et à des relations saines. Je peux partager mes besoins et entendre ceux de l'autre. Si j'obéis à l'enfant adapté* en moi qui réclame son dû à l'extérieur, je nourris la peur et la violence dans ma relation à moi-même et aux autres.

Votre enfant intérieur est là, au cœur de votre être. Il a besoin d'un bon parent qui lui donne la première place. Il se languit de vous et de votre amour. Comme le souligne Alice Miller, chacun a besoin de vivre l'expérience de l'amour pour l'enfant en lui, sinon dans sa vie, il ne saura jamais vraiment ce que signifie le mot « aimer ».

## Comment se reparenter ?

*« L'enfant continue à vivre en nous, il est lié à nous : à chaque instant, il est là, avec toute sa vitalité, dimension intérieure n'attendant que notre pleine et consciente reconnaissance. »*

**Jeremiah Abrams**

### Niki de Saint Phalle, un reparentage à la face du monde

Niki de Saint Phalle est une peintre et sculptrice française de renommée mondiale. Née en 1930 à Neuilly-sur-Seine dans une famille de la haute bourgeoisie, elle révèle en 1994 sa fêlure dans son livre *Mon secret*. À l'âge de onze ans, elle a été violée par son père, banquier respecté et parent aux valeurs morales strictes. Toute son œuvre est un processus de guérison psychique et de reparentage*. En 1961, son exposition, *Les Tirs*, est une première mondiale. Fixés sur une planche, des tubes remplis de couleurs sont recouverts de plâtre et percés à l'aide de tirs à la carabine. Ainsi naissent ses œuvres. Cette approche, véritable performance artistique, est une mise en scène de la violence subie enfant et une manière de la restituer à son père (les tubes sont un symbole phallique). Elle confie à l'époque : « Il existe dans le cœur humain un désir de tout détruire. Détruire c'est affirmer qu'on existe envers et contre tout ».

Elle poursuit son œuvre-guérison avec les célèbres *Nanas*. Ses sculptures, de plus en plus grandes, ont des attributs féminins démesurés (seins, fesses ou sexe). Cette réappropriation de son propre corps trouve son aboutissement en 1966. Elle expose à Stockholm une femme monumentale de 28 mètres de longueur sur 6 mètres de hauteur et 9 mètres de largeur. Les visiteurs pénètrent par le sexe à l'intérieur de cette *nana* couchée sur le dos, les jambes ouvertes. Elle continue ainsi à mettre en scène sa souffrance d'enfant tout en créant un processus unique de résilience[7].

Meurtrie par l'abus et la violence de son père, Niki exorcise sa peur et ses angoisses. Pour répondre à son besoin de sécurité, elle se lance dans un projet titanesque à partir de 1979, le *Jardin des Tarots*. Son reparentage* prend sa forme la plus aboutie avec la *Nana impératrice*, une sculpture habitable, incroyable maison dans laquelle elle vivra avec sa famille pendant des années.

Tout abus sexuel sur un enfant est un meurtre de l'âme qui produit un éclatement du Moi. Les milliers d'éclats de miroir qui constellent les murs de sa nouvelle demeure symbolisent son Moi brisé. La *Nana impératrice*, telle une bonne mère, restaure dans son ventre maternel accueillant ce qui a été blessé et disloqué. Niki de Saint Phalle a défendu, à travers son œuvre, le droit de regagner la pleine puissance sur elle et sur sa vie.

### La symbolisation au cœur de ce processus

Toute l'œuvre de Niki de Saint Phalle est une stupéfiante illustration du pouvoir de guérison par la symbolisation. Quand les mots demeurent insuffisants, l'acte de symboliser reconnecte à l'enfant en soi. Il est possible de représenter une sensation, une émotion, un sentiment, un besoin, une blessure, ce qui a été perdu, ce qui a été absent, etc. La symbolisation crée un pont, une passerelle entre le conscient et l'inconscient. Elle permet de dialoguer avec son monde intérieur, de retrouver un lien plus vivant, plus aimant et plus énergisant avec soi et de se réapproprier son propre pouvoir de guérison.

Dans notre pratique sur l'enfant intérieur, nous utilisons la symbolisation depuis 1990. Les transformations et les bienfaits que nous avons constatés confirment son efficacité et son importance. Certaines dimensions de l'enfant intérieur ont besoin d'être symbolisées pour être entendues, rassurées et guéries.

L'enfant intérieur exilé est un enfant apeuré, vulnérable. Il vit dans un monde de peurs fondamentales que l'adulte camoufle derrière un faux-moi*. La symbolisation d'une partie de l'enfant en soi est le meilleur moyen de répondre à des carences affectives précoces.

Le problème ne provient pas de la peur elle-même mais de la place que chacun lui octroie.

### *Témoignage de Marie-France*

« **Parfois, j'ai peur que mes voisins soient bruyants. Quand c'est le cas, je peux ressentir qu'ils m'envahissent et entrent dans mon intimité. C'est une impression (illusion) fort désagréable qui réveille mon angoisse. Je suis née dans une famille nombreuse. Dernière d'une fratrie de huit enfants, j'ai souvent entendu ma mère dire : « Oh, moi, je ne désirais que deux enfants ! », et elle ajoutait avec fierté : « En tout cas, j'ai bien réussi votre éducation car je ne vous ai jamais portés. » Même si à l'époque certaines théories éducatives encourageaient les parents à ne pas porter leur enfant, la petite Marie-France a beaucoup souffert de ce manque d'attention et de chaleur maternelle. On connaît aujourd'hui l'importance du portage[8] qui répond aux profonds besoins de contact, de bercement et de lien entre l'enfant et sa mère.**

**Une partie de mon être reste aujourd'hui inquiète. Quand une angoisse m'assaille, je prends la peluche qui symbolise mon enfant intérieur et je rassure la petite Marie-France. Je lui murmure : « Je suis là et je vais m'occuper de toi. » En quelques minutes, mon angoisse s'évanouit. Par cet acte, j'assume mon rôle de bon parent et je prends soin de ma partie la plus fragile et la plus vulnérable. La souffrance et les besoins de la petite Marie-France sont légitimes. Ils méritent une oreille attentive, des paroles douces, réconfortantes et des bras aimants.**

**En rassurant l'enfant en moi, je m'autorise, moi adulte, à vivre libre et non plus paralysé par l'angoisse et la peur.** »

## Pratique du jour : Symboliser son enfant intérieur apeuré

La symbolisation nécessite de la patience. C'est un acte puissant, c'est pourquoi nous vous le proposons seulement à ce stade du processus. L'enfant intérieur est une métaphore psychique trop vaste pour être symbolisé dans sa totalité : nous vous suggérons de représenter uniquement la partie apeurée de l'enfant en vous. Voici les principales étapes à suivre :

**Phase 1.** Le contact avec soi. On ne peut symboliser que ce que l'on ressent. Ce n'est pas un acte intellectuel. Vous pouvez figurer votre enfant apeuré ou, si ce n'est pas évocateur, une peur ancienne encore présente en vous. Cette émotion servira de porte d'entrée vers l'enfant intérieur. Par exemple : la peur du noir, la peur de perdre l'autre ou la peur de souffrir.

**Phase 2.** La représentation de ce qui vit en soi. Il s'agit de mettre à l'extérieur ce qui se vit à l'intérieur pour entrer en relation. Cette étape consiste à représenter la peur ou l'enfant apeuré en fabriquant un objet représentatif avec les matériaux de votre choix. Cet objet n'a pas à être beau ou bien fait. Il est juste l'expression de ce qui vit en vous. Prenez tout votre temps pour l'élaborer.

Vous pouvez aussi préférer un objet existant (qui n'appartient pas à quelqu'un d'autre). Nos stagiaires optent souvent pour une peluche. Le cheminement nécessite du temps. Vous sentirez le moment juste pour acheter une peluche en ressentant que c'est la peluche qui vous choisit et non l'inverse[9].

Pour symboliser ce qui vit en soi, on ne peut pas utiliser un être, qu'il soit humain, animal ou végétal. Ce qui est vivant ne peut pas être mis à votre service. Vous pouvez cependant vous servir d'éléments de la nature s'ils sont accessibles sans violence (une branche tombée, une fleur déjà coupée, une coquille d'escargot vide par exemple). Symboliser calme et apaise le feu émotionnel.

**Phase 3.** Communiquer avec sa symbolisation. Cette étape est la plus étonnante. Il s'agit tout d'abord d'entrer en relation avec l'objet par des actions concrètes (lui écrire un poème, vous promener avec lui, lui faire écouter de la musique, etc.). Peu à peu, cet objet va vous « parler ». En l'observant, en l'interrogeant, vous tisserez un lien, une communication profonde avec des parties en vous. Ne tombez pas dans l'analyse. Restez juste à l'écoute d'une sensation, d'un mot, d'une phrase qui surgit. Validez ce message sans le juger ou l'étiqueter.

Certaines parties psychiques sans lien avec la symbolisation peuvent aussi s'exprimer. Référez-vous au Jour 6 (voir p. 57) pour les conscientiser. Est-ce un parent ou un leader autoritaire ? Un manager (juge, critique, victime, etc.) ? Un pompier qui vous coupe de l'émotion ? L'enfant adapté qui demande son parent réel ?

Ces parties agissent comme des protecteurs inadéquats pour vous empêcher de contacter la souffrance originelle. Vous pouvez leur dire : « Aujourd'hui je suis la meilleure personne pour m'occuper de ma peur et de mon enfant intérieur. » L'accès à votre enfant intérieur dépend de la profondeur de votre intention.

**Phase 4.** Prendre soin. Cette dernière étape est la plus essentielle. Votre symbolisation demande à être honorée et respectée. Donnez-lui de l'importance et entretenez un lien quotidien privilégié avec elle. Si c'est une peluche, elle peut prendre place dans votre lit à vos côtés. Comportez-vous avec cette symbolisation comme un bon parent le ferait avec son enfant.

Il y a quelques années, nous avons accompagné Pascale qui a créé un lien profond avec sa peluche. Elle dormait, prenait ses repas avec elle et l'emmenait au cinéma. Une fois, elle lui a même payé sa place au théâtre. Maltraitée dans son enfance, Pascale a accompli un processus de guérison unique. En donnant à sa peluche le statut d'une personne à part entière, elle a renoué un lien vivant avec elle-même et avec ses besoins. Elle témoigne en ces termes : « Ma peluche qui représentait la petite Pascale blessée m'a sauvé la vie. J'ai retrouvé mon intégrité et ma joie. Je me suis accordée l'autorisation de vivre pleinement. Je sens que l'amour en moi existe. Au début, je croyais que j'étais folle. Parler avec une peluche me semblait délirant. Puis j'ai vraiment pris conscience qu'il s'agissait d'une partie de moi. Aujourd'hui, je vis toujours avec la petite Pascale. Son bien-être, ses besoins et ses peurs sont ma priorité. »

**Phase 5.** Puis vient le temps… où la symbolisation a fait son œuvre. L'objet transitionnel n'est plus nécessaire. Quand le lien de soi à soi est rétabli, nourri et respecté, la symbolisation ne vibre plus avec la même intensité. Vient le temps de la gratitude. Vous la remercierez d'avoir été une fondation. Si c'est une peluche, gardez-la précieusement. Si c'est un élément de la nature (caillou, branche…), rendez-le à la nature. Si c'est un objet fabriqué par vos soins, vous pouvez le conserver ou le désassembler avec respect.

La symbolisation permet de se responsabiliser. Elle mène vers plus d'autonomie et de guérison.

---

1. Conclusions de Malcolm Owen Slavin et Daniel Kriegman dans *The Adaptative Design of the Human Psyche : Psychoanalysis, Evolutionary Biology and the Therapeutic Process*, Guilford Press, 1992 ; rapportées par John Bradshaw dans *Découvrir ses vraies valeurs*, *op. cit.* (p. 90 à 93).
2. Nous renvoyons le lecteur à la description du processus d'adaptation dans notre précédent livre, *Réveillez vos ressources intérieures*, *op. cit.* (p. 128 à 134).
3. Lucia Capacchione, *Faites vivre votre enfant intérieur – Jeu, dialogue et art-thérapie*, Le Souffle d'or, 1994 (p. 115).
4. Nous explorons la blessure du manque d'amour dans notre livre, *Réveillez vos ressources intérieures*, *op. cit.* (p. 34 à 42).
5. Irvin Yalom, *Et Nietzsche a pleuré*, Le Livre de Poche, 2010.
6. Anthony de Mello, *Quand la conscience s'éveille*, Albin Michel, 2002 (p. 119).
7. La résilience, c'est « la capacité d'un individu à se développer dans un environnement qui aurait dû être délabrant » (Boris Cyrulnik).
8. Le portage a des vertus thérapeutiques essentielles en servant de « contenant » physique et psychique. L'enfant se sent tenu et soutenu physiquement et psychiquement.
9. Le processus d'adoption d'une peluche est détaillé dans notre livre *S'ouvrir à son cœur d'enfant, op. cit.* (p. 191).

J'ARRÊTE D'AVOIR PEUR !

# JOUR 12

# Vivre avec les autres

## Les enjeux dans la relation

*« Pour être adulte, il faut se libérer des liens du sang, du sol et de la race. »*

**Erich Fromm**

### Qui est l'autre ?

Dans notre travail d'accompagnement thérapeutique en individuel ou en groupe, nous restons conscients que nous ne rencontrons qu'une infime partie de la personne. L'être humain est un mystère et la relation, un terrain de découvertes passionnantes.

Découvrir l'autre c'est s'apprivoiser soi-même. Les êtres humains ont tous des besoins, des sentiments et des blessures analogues. Il est indispensable de se relier au noyau d'humanité commune pour que les spécificités du ressenti de chacun ne construisent pas des murs insurmontables. L'apprentissage de la relation confère à autrui une place d'allié et non plus d'ennemi.

La relation à l'autre est un enjeu primordial. Elle reflète le degré d'intimité avec son enfant intérieur. Il ne peut y avoir de relation saine avec l'autre sans relation éclairée avec soi.

Deux idées majeures de Carl Gustav Jung occupent une place de choix dans notre démarche :

- l'exploration de l'ombre en soi mène à la lumière ;
- l'aventure intérieure est l'essence de tout accomplissement.

La relation à l'autre met en scène ces deux dynamiques.

## L'exploration de l'ombre

***Témoignage d'Emmanuel***

« Lors d'une consultation individuelle, Charlotte, une femme de 45 ans, me confie :

« Je constate que les hommes me courent souvent après, dit-elle avec un large sourire.

— Et que ressentez-vous dans ces moments-là ?

— Je suis ravie. Je sais que je suis un peu dans la séduction. Je dois produire des phéromones que les hommes perçoivent. »

Je lui propose d'évoquer la dernière fois où c'est arrivé.

« J'étais à une soirée chez des amis. C'était agréable. Il y avait un homme qui jouait de la guitare. Nous avons discuté et chanté ensemble. Il était très sympathique. Nous étions sur la même longueur d'onde. Au milieu de la soirée, je suis partie rapidement sans lui dire au revoir. Je me suis vite enfuie, heureusement !

— Pour quelle raison ?

— J'avais peur que ça aille un peu trop loin. J'ai senti son désir.

— Et le vôtre ?

— Comment ça ?

— Avez-vous senti votre propre désir ?

— Mais là n'est pas la question ! Je ne suis pas une fille comme ça.

— Comme quoi ?

— Eh bien, une fille facile, une prostituée quoi ! C'est immoral !

— Si j'entends bien ce que vous exprimez, écouter son désir est immoral ?

— Oui, bien sûr. »

La séance se termina. Charlotte semblait perturbée. Une semaine plus tard, elle me raconte un rêve : « Je franchis une porte et je pénètre dans un paysage de toute beauté. Il y a une femme qui apparaît à mes côtés et je m'élève dans les airs comme un ange. Mais cette femme m'apostrophe pour me montrer un lac. Je redescends et je me penche sur les eaux sombres. Je vois tout d'abord mon reflet puis j'aperçois des chiens qui aboient au fond de l'eau. On dirait des créatures infernales. Elles grognent. J'ai peur. La femme me tend un sac rempli de chair fraîche et me dit : tu dois les nourrir ! Je me suis réveillée en sursaut. »

Je suggère à Charlotte de dessiner les images importantes de son rêve avec sa main non directrice. Les chiens au fond du lac sont au centre du dessin. Ils figurent ses pulsions rejetées. Son féminin, incarné par la femme qui l'interpelle, lui demande de s'occuper de ses pulsions. Les nourrir avec de la chair fraîche est une invitation à les amadouer et à les transcender. Il semble difficile pour Charlotte d'assumer la femme désirante en elle. Son inconscient l'exhorte à l'exploration de son ombre.

**Grâce à ce travail, elle a pu éclairer des liens de fidélité invisible avec son carcan éducatif. Sa vision honteuse du désir, héritée de ses parents, avait créé un magma de peurs. Peur de son désir, peur du désir de l'autre, peur de l'intimité avec les hommes.** ”

Toute relation est confrontante. Chacun perçoit chez l'autre une part de lui-même et réciproquement. Quand la peur domine, on projette sur l'autre ses propres sous-personnalités mal aimées, oubliées et non assumées que son Moi idéal répugne à reconnaître. Charlotte aime être vue et séduire, mais quand elle ressent trop fortement le désir de l'autre, elle prend la fuite. Pourquoi ? Chez elle, le désir est cadenassé. Il demeure dans l'ombre et représente un danger. Quand elle rencontre ce guitariste, elle n'accepte pas de prendre le risque de la relation. Ses peurs verrouillent non seulement ses pulsions honnies mais aussi sa capacité à être en relation.

L'autre est un miroir de mon ombre, de ce que je ne veux pas voir en moi.

## L'aventure intérieure

Le cerveau humain est empathique et neurosocial[1]. Le lien empathique consiste à se relier à ce qui est vivant en soi et chez l'autre. L'empathie permet, pour reprendre une expression du psychologue humaniste américain Carl Rogers, de « vivre au niveau de la fraternité des hommes ». Le contact avec l'enfant intérieur* est fondamental pour s'ouvrir aux autres.

D'aucuns ressentent l'appel de l'enfant en eux mais hésitent à s'engager dans cette aventure intérieure. Pourquoi ? Ils redoutent les blessures et la souffrance. L'idée de renouer avec l'enfant en soi peut paraître, dans un premier temps, anxiogène. Il n'est pas rare que nous entendions : « Je veux bien retrouver mon enfant intérieur mais seulement le joyeux et le créatif. » L'enfant intérieur pose une question essentielle : « Quelle personne es-tu, si tu n'es pas capable d'amour et de compassion pour ce qu'il y a de plus petit, de plus fragile et de plus blessé en toi ? » Cette question incite chacun à être vigilant et responsable des besoins de son enfant intérieur.

L'aventure intérieure est un retour à la maison. Prendre son enfant par la main, l'entendre et l'autoriser à s'exprimer pleinement est source de joie et de complétude. Chacun possède un élan vital* qu'il transforme trop souvent en énergie destructrice, en violence relationnelle. En se mesurant à l'autre ou en cherchant à le dominer, on refuse l'expérience d'intimité. On craint de rentrer en soi, chez soi. On ignore que son enfant intérieur blessé symbolise une part de sa vivance* entravée. Prendre soin de son enfant est un don, le don de soi à la vie. Chacun est responsable de la manière dont il traite sa vie.

## Cultiver des relations saines

*« Améliorer nos relations,*
*c'est améliorer notre santé mentale. »*

**William Glasser**

### Troisième peur relationnelle : la peur de la différence

Habité du désir secret d'un prolongement de soi dans l'autre, chacun nourrit une peur de la différence. Ce qui est différent fait peur. L'acceptation de l'altérité nécessite de renoncer à certaines de ses représentations, croyances et certitudes. Il semble plus simple de rejeter ce qui n'est pas conforme à sa propre perception mais c'est bien plus destructeur.

Claude, un homme de 30 ans, appartient à une famille traditionaliste pratiquante. Il souffre moralement car il vit en secret son orientation homosexuelle. Désireux de guérir son mal-être, il se confie à un conseiller religieux. Ce dernier l'enjoint à « se faire soigner pour ce trouble ». Mais en comprenant que Claude a déjà eu des rapports sexuels avec des hommes, il change du tout au tout et lui assène : « C'est une abomination, un péché sévère. Il vous faut à tout prix retrouver le chemin vers Dieu. » Claude espérait un soutien et une solution. Il est désemparé lorsqu'il nous consulte. Il rencontre alors le petit Claude de six ans qui lui dit : « J'aime les garçons. Pour moi, c'est naturel et je compte sur toi pour que nous vivions ensemble heureux. » Cette expérience a été une véritable catharsis. Jusqu'à ce jour, il se sentait dans l'obligation d'être une autre personne. Il était effrayé et honteux à l'idée de respecter ses propres besoins et ses propres valeurs. En écoutant son enfant intérieur, il a pu enfin exprimer

J'ARRÊTE D'AVOIR PEUR !

toute sa peine et sa douleur. Quelques séances plus tard, il affirme : « Je ne connais peut-être pas Dieu mais je me connais moi. J'ai rencontré qui je suis véritablement. J'ai une orientation homosexuelle. C'est une partie de ce que je suis. Ma mission est de l'assumer pour permettre au petit Claude d'être libre et heureux. »

Ce cheminement nous a beaucoup émus et nous a remémoré l'importance de l'acceptation des différences. Notre propre expérience de couple est une histoire de tolérance et d'apprivoisement. Au début de notre relation, nos différences apparaissaient comme un sérieux handicap : l'écart d'âge, les origines sociales, l'éducation, la culture, la distance et les repères (*Marie-France* : « Tu te souviens en mai 1968 quand... », *Emmanuel* : « Eh bien, je n'étais pas encore né en 68 ! »). Nous avons appris à cheminer l'un vers l'autre. L'écrivain et académicien français Jacques de Bourbon Busset disait : « L'amour, c'est quand la différence ne sépare plus. »

La peur de la différence plonge ses racines dans l'échec à concilier la réalité d'une conscience humaine partagée et les spécificités uniques de chaque personne. La peur de l'autre, sous toutes ses formes, diffuse un profond sentiment d'isolement et une agressivité latente.

L'autre est un miroir de la spécificité et de l'unicité d'une vie humaine.

## Les besoins relationnels

Certains besoins sont vitaux dans la relation à soi pour créer un pont entre l'adulte et l'enfant intérieur. En reprenant la terminologie de Jacques Salomé[2], nous détaillons ci-dessous les sept besoins relationnels dans leurs dynamiques intrapersonnelles.

- Le besoin d'être reconnu. Votre enfant intérieur a besoin d'être considéré comme une personne à part entière, pour ce qu'il est réellement et non pour ce qu'on attend de lui.
- Le besoin de se dire. Votre enfant intérieur a besoin de se dire, c'est-à-dire de s'exprimer sans que ses paroles et sa vérité intérieure soient niées, déformées ou bafouées.
- Le besoin d'être entendu. Votre enfant intérieur a besoin d'être entendu à l'âge qui est le sien, au niveau de ses émotions, sensations, perceptions et besoins, sans interprétation, modification ou discussion.
- Le besoin d'être valorisé. Votre enfant intérieur a besoin que vous accordiez une grande valeur à sa personne et non à ce qu'il fait ou ne fait pas.

- Le besoin d'intimité. Et si vous commenciez à vivre des moments d'intimité avec votre enfant intérieur au moins dix minutes par jour… Demandez-lui comment il va, ce dont il a besoin, ce qui lui ferait plaisir. Partagez vos prises de décision avec lui. Vous avez besoin des conseils de votre enfant intérieur pour ne pas risquer de devenir un adulte solennel, hyperactif et blasé.
- Le besoin de créer et d'influer. L'enfant intérieur symbolise le Moi libre et créatif. C'est en étant créatif que chacun peut exprimer sa véritable essence. Le jeu et la création sont les piliers de la réalisation de soi menant à l'accomplissement du Soi. Quand on crée sa vie, on influe naturellement sur soi et sur le monde.
- Le besoin de rêver, d'espérer. Votre enfant intérieur vous murmure : « J'ai besoin que nous inventions ensemble un monde meilleur. » Le rêve et l'espérance s'appuient sur une des principales ressources créatives, l'imagination. En imaginant comment créer le meilleur à son niveau, chacun participe au bien-être de l'humanité entière.

### La peur de l'autre

La peur contamine l'échange sain avec autrui. Tous les systèmes humains (famille, entreprise, société, etc.) uniformisent les individus et favorisent la peur d'être rejeté, la peur d'être jugé et la peur de la différence. Une communication défaillante ne participe pas à l'instauration d'une hygiène relationnelle fondée sur le respect de l'être et du vivant.

Quand j'ai peur de l'autre, je ne suis pas en contact avec une personne mais avec un comportement que j'interprète. Certains comportements sont réellement inappropriés ou violents. D'autres réveillent des parties de soi que l'on préfère ne pas voir, ni reconnaître. L'attitude de l'autre peut aussi ne pas être conforme à ce que l'on croit ou à ce que l'on attend. Dans tous les cas, confondre une personne et son comportement est handicapant pour la relation. Si je confonds la personne et son comportement, je ne la vois plus et je ne peux plus communiquer avec elle.

### La responsabilisation

Vivre avec l'autre, c'est être en lien avec soi, en intimité avec son enfant intérieur. Le lien avec l'enfant en soi permet d'être plus présent et plus conscient. Chacun est responsable à 100 % de son comportement, de son ressenti, de ses actes et de sa réaction face à autrui. Dans un conflit, l'erreur courante est de diviser la responsabilité par deux. C'est parfois une stratégie pour prendre la place de victime. Se responsabiliser permet de donner, de recevoir, de demander, d'accepter ou de refuser dans le respect de soi et de l'autre.

Jacques Salomé rappelle : « Je suis partie prenante de tout ce qui m'arrive entre ma naissance et ma mort et j'évite d'accuser qui que ce soit à propos de ce qui surgit dans ma vie, en sachant que j'ai la possibilité d'en découvrir le sens, les enjeux et les messages possibles[3]. »

## Pratique du jour : Communiquer avec l'autre sans peur et sans violence

Cet exercice s'inspire en partie du processus de CNV (Communication Non Violente) de Marshall Rosenberg qui explique comment se relier à l'autre[4]. Nous vous proposons d'expérimenter l'art de se relier à soi pour s'ouvrir à l'autre sans peur. Cet exercice se pratique dans la relation à l'autre.

**Phase 1.** L'observation. J'observe ce que je vois, ce que j'entends, ce que je dis, ce que je fais, ce dont je me souviens et ce que j'imagine. Je reste centré sur moi. J'évite d'analyser et de juger. Si c'est le cas, j'accueille mes interprétations, mes jugements ou mes reproches avec bienveillance.

**Phase 2.** Le sentiment. Je prends conscience de ce que je ressens par rapport à ce que j'observe. Quelle est mon émotion ? Quel est mon sentiment ? Quelle est ma sensation ?

**Phase 3.** Le retrait en soi. Ce retrait est souvent nécessaire. Il peut s'effectuer pendant que je suis en relation en face de la personne. Si mes observations déclenchent des émotions ou sentiments trop intenses, le retrait doit se faire physiquement. Nous vous suggérons de prononcer la phrase suivante : « Je ne me sens pas bien. J'ai besoin de faire une pause dans notre échange pour éclairer ce qui se passe en moi. » Il n'est pas toujours facile de prendre la responsabilité de ce que l'on ressent. On poursuit souvent l'échange au risque de se sentir mal, d'être débordé par l'émotion, de s'emporter et de faire des reproches à l'autre.

**Phase 4.** Le reparentage*. Je rentre en contact avec mon enfant intérieur. Je l'appelle par son prénom. Je lui pose les questions suivantes en écoutant bien ses réponses : « Petit(e)..., que se passe-t-il ? Que ressens-tu ? Quel est ton besoin ? Comment puis-je répondre à ton besoin ? » Il y a deux possibilités :

- A. Ce contact avec votre enfant intérieur réveille une blessure passée. Dites-lui que vous entendez sa souffrance et que vous allez en prendre soin. Votre enfant intérieur compte sur vous et vous reconnaît comme la seule personne apte à être son bon parent. Cette étape est apaisante et demande vraiment que vous posiez des actes.
- B. Si l'enfant qui s'exprime est en colère, dans la rancœur ou dans la haine pour l'autre, c'est l'enfant adapté* (et non l'enfant intérieur) qui est présent. L'enfant adapté est entièrement tourné vers l'autre avec des attentes et des exigences injustifiées. Vous n'êtes plus en relation avec l'autre mais avec vos manques du passé. Dans ce cas, prenez de la distance car vous risquez d'abîmer la relation. Vous reviendrez vers l'autre quand vos émotions seront apaisées.

**Phase 5.** Le besoin et le positionnement. Exprimez votre besoin et positionnez-vous : « J'ai besoin de..., c'est pourquoi je choisis de... ou j'accorde de l'importance à... » La réponse à vos besoins ne concerne pas l'autre. Validez vos propres besoins et acceptez d'en prendre la responsabilité. Vous mobiliserez vos propres ressources pour répondre à votre besoin.

Si l'enfant adapté prend toute la place, exprimez à l'autre ce qui se passe pour vous. Par exemple : « En entendant ton propos, une partie de moi est furieuse » ou « En voyant ton comportement, cela réveille la partie de moi qui ne se sent pas reconnue ».

**Phase 6.** La demande. Elle permet de se positionner en tenant compte de l'autre : « Peux-tu m'expliquer ce que tu veux dire... », ou de proposer ce qui va enrichir la relation : « Es-tu d'accord pour... »

Si vous sentez que votre demande ne laisse pas à l'autre la liberté de son propre ressenti ou de son propre choix, revenez à l'Étape 3, le retrait en soi. Parfois, il vaut mieux faire une pause dans la relation quand on ne parvient pas à lâcher prise. Le principal ennemi de la communication tient en quelques mots : vouloir avoir raison à tout prix.

J'ARRÊTE D'AVOIR PEUR !

N'oubliez pas d'interroger votre intention dans la relation à l'autre. Êtes-vous en relation avec l'autre pour briller, obtenir quelque chose ? Désirez-vous réellement être en relation avec cette personne ? Vous sentez-vous obligé d'être en relation ?

1. « Cela signifie que nos neurones entrent sans arrêt en résonance avec ceux d'autrui ; nos intériorités sont en communication directe. C'est-à-dire que nos circuits neuronaux sont faits pour se mettre en phase avec ceux des autres ». Extrait du livre, Boris Cyrulnik, Pierre Bustany, Jean-Michel Oughourlian, Christophe André, Thierry Janssen, Patrice Van Eersel, *op. cit.* (p. 67).

2. Le travail du psychosociologue Jacques Salomé sur les besoins relationnels est essentiel. Son ouvrage, *La Ferveur de vivre, op. cit.*, est une belle synthèse de ses idées et de son expérience.

3. Jacques Salomé, *Le Courage d'être soi, op. cit.*

4. Une synthèse du processus de CNV se trouve dans l'ouvrage de Marshall B. Rosenberg, *Spiritualité pratique, op. cit.* (p. 87 et 88).

CINQUIÈME PARTIE

# Les peurs fondamentales

« Il existe des peurs fondamentales, héritage de l'expérience humaine : la peur d'être séparé, la peur du changement et la peur de disparaître. Elles sont les piliers d'une seule et unique peur que tout être sera un jour amené à affronter, la peur de mourir. Faire face à ses peurs est une expérience initiatique puissante, régénératrice et vivifiante. »

# JOUR 13
# La séparation

## L'histoire d'une petite fille perdue

> *« Lorsque l'âme souhaite connaître quelque chose, elle projette devant elle une image et la pénètre. »*
>
> **Maître Eckhart**

### L'appel de la vie

***Témoignage d'Emmanuel***

**« Il y a trois ans, une jeune femme de 36 ans dynamique et volontaire, Zoya (qui signifie étymologiquement « la vie »), me consulte pour retrouver son enfant intérieur. Après avoir sorti de son grand sac quelques livres de référence sur le sujet, elle me déclare : « J'ai lu l'essentiel et maintenant je veux vivre cette expérience. » Sa détermination et sa foi me surprennent. Prudent, je prends le parti de lui annoncer les éventuelles difficultés qui l'attendent : « Le cheminement vers l'enfant intérieur* n'est pas une démarche intellectuelle. Il nécessite le développement de certaines vertus comme le lâcher-prise et le courage, c'est-à-dire la capacité à agir malgré la peur. » Zoya me rétorque qu'elle ne peut plus attendre et qu'elle est prête.**

**En écoutant cet appel intérieur, elle débute son parcours initiatique pour retrouver son élan originel et réaliser sa vie. »**

### Le chemin de l'épreuve

Zoya vient d'une famille très modeste et nombreuse. Avant-dernière d'une fratrie de douze, elle a tout fait pour s'extraire de sa condition d'origine. Le suicide d'une de ses sœurs l'a profondément marquée. Elle a redoublé d'efforts pour réussir de hautes études.

Dans sa vie, elle constate des difficultés relationnelles et s'inquiète d'une peur phobique : « J'ai peur des petites bêtes. Tout ce qui rampe au sol ou vole dans les airs m'effraie. Je suis incapable d'entrer dans une forêt. J'ai la sensation que je ne pourrai pas voir le danger venir. » Cette description m'interpelle et je songe : « Emmanuel, il y a là une image archétypale puissante. C'est une clé à explorer. »

La réaction phobique naît généralement chez l'enfant et se programme dans la partie non consciente du cerveau. La peur est contagieuse. Un enfant « apprend » la peur des serpents en étant proche d'un camarade terrifié par les reptiles. Une phobie peut aussi être copiée sur un parent. L'enfant imite ses parents. Dans un environnement dysfonctionnel, l'enfant focalise la violence reçue et sa peur vers un objet de crainte extérieur. Connaître l'origine de la phobie n'est pas indispensable à la guérison. Par contre, la phobie peut ouvrir une porte sur un traumatisme qui a besoin d'être pansé.

La peur de Zoya est invalidante. Elle est une épreuve de plus dans sa vie.

### Un soutien puissant

Zoya désire vraiment dépasser sa peur. Cela lui semble très difficile mais son pilote intérieur, le Soi, l'accompagne : « Le jour où j'ai décidé de m'attaquer à cette peur, j'ai entendu une voix forte et distincte en moi. Elle résonne encore : "Approche-toi doucement et prends les petites bêtes en photo". » Son être profond l'encourage à amadouer sa peur par la photographie et à affronter ce qui se cache en elle.

### Le ventre de la forêt

La phobie de Zoya pour les « petites bêtes » s'active en particulier dans la forêt. Les bêtes qu'elle risque de croiser ailleurs lui font moins peur.

La forêt est une image archétypale, une image qui renferme un contenu universel structurant la psyché. La forêt est « […] un lieu de solitude, d'enchevêtrement, de guérison, de régression, de hauteur et d'obstruction, de croissance spontanée et de décomposition constante[1]. » Espace intemporel et originel, la forêt est le « désert » où le cheminant part en quête de visions. C'est aussi dans ce lieu que se trouve la matière première, le bois nécessaire à toute construction.

Je suggère à Zoya un travail d'imagination active[2] pour pénétrer dans la forêt obscure de son psychisme. L'exploration d'une image archétypale peut devenir la matrice d'une formidable transformation.

Après une phase de relaxation physique, les yeux fermés, je l'invite à entrer dans une forêt : « Vous suivez un chemin qui vous emmène dans une forêt très ancienne. Regardez autour de vous les arbres et la couleur des feuilles. Prenez le temps de respirer les odeurs de cette forêt sans âge. Comment vous sentez-vous ? »

— « J'ai peur. Il y a de plus en plus d'arbres et j'entends des bruits inquiétants.

— À quoi les associez-vous ?

— On dirait des gémissements. Oui, c'est ça ! Les bourdonnements des insectes ressemblent à une longue plainte.

— Écoutez cette plainte.

À ces mots, Zoya sanglote. Je lui demande d'exprimer ce qu'elle voit et ce qu'elle ressent.

— Je ne suis plus dans la forêt mais dans le couloir chez mes parents. J'ai six ans et je suis toute seule. »

## L'initiation

La rencontre avec l'enfant intérieur est une initiation, une « ré-union » avec le Soi*. Cette étape requiert le lâcher-prise du mental et l'acceptation de nouvelles perceptions sur son vécu. Je propose à Zoya de s'approcher de la petite fille.

« C'est impossible. J'ai trop mal. Je souffre. Mes parents ne s'occupaient pas de moi. J'étais livrée à moi-même. On me laissait le plus souvent dans un coin. Ma mère se félicitait de mon obéissance. J'ai envie de hurler. »

L'adulte a l'illusion que l'enfant exilé est figé dans le passé. Face à la souffrance de l'enfant, il se sent paralysé et impuissant.

« Zoya, vous semblez hypnotisée par le comportement de vos parents. Placez votre attention sur cette petite fille. Pouvez-vous percevoir ce qu'elle ressent ?

— Oh mon dieu, elle se sent perdue. Il n'y a personne pour lui parler, pour s'en occuper, l'écouter ou jouer avec elle. Je ne peux pas la laisser comme ça ! »

Le Soi s'épanouit dans une attitude empathique et bienveillante. Chacun peut apprendre à lâcher les liens toxiques qui l'attachent aux comportements de l'autre. Ainsi naît la compassion.

## Le don de soi

La compassion n'est pas une qualité ou un sentiment mais une vertu (du latin *cum patior* : « je souffre avec »). C'est à la fois un don de soi et une expression du Soi. Il n'existe pas de réelle compassion qui ne commence par un soutien aimant et sans faille pour son enfant intérieur triste et blessé. La compassion transcende la souffrance en permettant de reconnaître la vie blessée en soi. Cette vertu éveille le cœur, rend plus humain et apaise la souffrance originelle.

Je propose à Zoya de s'approcher de sa petite de six ans et de la prendre dans les bras. Pour qu'un enfant se sente aimé, son parent doit pleurer avec lui, accueillir et partager sa souffrance. Pleurer devient le courage de la maturité.

### Libre devant la vie

À la fin de la séance, Zoya est lumineuse. Elle s'exclame : « Je me sens en paix et je vois mieux les choses maintenant. » Elle prend conscience que ses difficultés relationnelles trouvent leurs origines dans son vécu enfantin. Sa peur d'être seule et séparée des autres, comme dans son enfance, l'ont conduite à adopter une attitude inauthentique avec autrui. Elle conclut : « J'ai tellement peur de ne pas exister pour l'autre que je fais tout pour être indispensable et inoubliable. Je fais des cadeaux ou parfois je provoque. »

Dans les semaines suivantes, Zoya change de comportement. Elle assume plus simplement et avec justesse son besoin de partager. Concernant sa peur phobique, elle me confie : « J'ai commencé à prendre des photos des insectes. Je me sens beaucoup mieux. Ce n'est pas facile mais c'est amusant. »

Lorsque Zoya quitte mon cabinet ce jour-là, un ancien poème me revient en mémoire. Il conte l'histoire d'un pêcheur qui remonte un enfant de ses filets. Cet enfant lui dit :

« Aucun homme ne voit ce qui le soutient…
Si faible et si petit que je sois,
Sur la rive balayée par l'écume de l'Océan,
Au jour de la peine, je te serai
Plus utile que trois cents saumons[3]… »

En écoutant son enfant intérieur, Zoya a libéré et redirigé une grande partie de son élan vital* à son service. Sa phobie s'est transformée en légère appréhension qu'elle continue à apprivoiser, en demeurant plus calme et plus libre devant la vie.

## Traverser la séparation

*« Le besoin le plus profond de l'homme est de surmonter sa séparation, de fuir la prison de sa solitude. »*

**Erich Fromm**

### La séparation originelle

L'enfant se construit par rapport à un autre, le plus souvent sa mère dont il redoute la perte mais dont il devra un jour se séparer. La séparation fait partie du cycle de la vie. Quand une mère donne la vie, elle donne aussi la mort. Tout processus vivant est une histoire de séparation, de finitude et de renaissance.

Récemment une amie a partagé avec nous son expérience. Formatrice en relations humaines, elle intervient dans une école Montessori. Après avoir incité des enfants à dessiner la chose la plus importante à leurs yeux, son attention se porte sur le dessin d'un petit garçon de cinq ans. Sa feuille est recouverte de traits verts. Elle lui demande : « Qu'as-tu dessiné ? » Il répond avec un grand sourire : « De l'herbe ! »

Cette charmante histoire illustre une des vérités les plus simples et les plus profondes. À l'image de cet enfant connecté à l'herbe, chacun est interconnecté aux autres, à son environnement et à la nature. Voici un souvenir de Jung où il évoque sa relation intime avec le vivant : « Par moments je suis comme déployé dans le paysage et dans les choses. Je vis moi-même dans chaque arbre, dans le clapotis des vagues, dans les nuages, dans les animaux qui vont et viennent, et dans les choses. [...] Je vois la vie en grand, la vie qui naît, croît et passe[4]. »

Être en lien avec le vivant n'est pas seulement un besoin fondamental, c'est une réalité. En grandissant, l'enfant perd la conscience de sa connexion avec ce qui l'entoure. La peur d'être séparé naît de l'oubli de cette reliance.

### Première peur fondamentale : la peur d'être séparé

Certaines habitudes quotidiennes nourrissent cette peur. La cyber-communication (e-mails, SMS, MMS, etc.) en est un exemple. La performance croissante de ces outils de communication appauvrit l'interaction émotionnelle des échanges. La communication entre les êtres est d'une infinie subtilité. Les mimiques du visage, les mots employés, les mouvements du corps, les regards, les intonations de la voix… sont autant d'éléments qui contribuent à l'intelligence relationnelle.

Dernièrement, une femme nous a confié sa colère et sa souffrance. Engagée depuis quelques mois dans une relation amoureuse, elle a reçu un SMS de son compagnon pour mettre un terme à leur histoire d'amour en quelques mots : « Je préfère arrêter maintenant notre histoire. Bonne chance. » Clore une relation par SMS est d'une extrême violence. Elle lui a exprimé son indignation. Il s'est étonné de sa réaction. Ce fut le point final.

Il existe une réelle méprise entre connexion et besoin de lien. Les moyens de communication font de notre planète un village où les échanges n'ont jamais été aussi nombreux et rapides. C'est un progrès évident mais la relation vivante, le lien réel entre les individus tend à s'effacer derrière la technologie. Le traitement technologique de la communication peut avoir un effet psychologique dévastateur sur la personne et sur la relation. Sans l'intimité et l'empathie nécessaires aux échanges humains, on devient une non-personne.

La peur d'être séparé est paradoxale. On a à la fois un besoin d'être en lien avec l'autre et en même temps une peur de l'intimité naturelle que cela implique. Nombre de personnes créent une distance, ou même se séparent, pour éviter la souffrance d'une éventuelle perte. La peur d'être séparé est une perte qui s'annonce, celle d'un parent, d'un amour, d'un enfant, d'un ami, d'un animal, etc.

### La coupure d'avec son essence

Derrière la peur d'être séparé réside le sentiment d'être coupé de son essence, l'indicible nostalgie d'un paradis perdu. La coupure d'avec son essence est une blessure maîtresse de l'enfance[5].

La perte du contact avec son Moi authentique est universelle. Chacun s'adapte pour trouver sa place au sein d'un système (famille, entreprise, société, monde). La peur reste paralysante aussi longtemps que l'on demeure coupé de soi.

Le maître indien Ramana Maharshi affirmait : « L'oubli de votre nature véritable est votre mort actuelle ; son souvenir est la renaissance[6]. » La reconnexion avec l'enfant intérieur permet de restaurer des parties de soi oubliées ou rejetées. Cette reconnexion oblige à lâcher le mental qui sépare et isole pour conduire vers une autre instance intérieure, intuitive et spontanée, qui harmonise et unifie. C'est une initiation à la présence du Soi*.

## Pratique du jour : La lecture de nuages

La peur d'être séparé est une mutilation invisible de soi. Surmonter cette peur est un apprentissage de chaque instant. Aujourd'hui, un exercice ludique et créatif vous reconnectera à vous-même et au monde extérieur en mobilisant de surprenantes ressources anti-peurs.

**Phase 1.** Choisissez un jour de ciel bleu parsemé de nuages. Prévoyez une feuille de papier et des crayons de couleur. Installez-vous confortablement en plein air, si possible allongé(e) dans l'herbe. Notez en haut de la feuille votre intention concernant l'une de vos peurs. Par exemple : surmonter ma peur de perdre mon mari, lâcher ma peur que ma fille parte loin, arrêter d'avoir peur de quitter mon travail… Nous vous suggérons de travailler sur la peur d'être séparé mais cet exercice est pertinent pour toutes les peurs.

**Phase 2.** Allongé(e) sur le dos, laissez votre esprit vagabonder en regardant les nuages. Des animaux, des objets ou des personnages vont apparaître. Ils vont vous raconter une histoire. Notez-la ou dessinez-la. Faites des allers-retours entre le ciel et votre papier. Accueillez les mots ou les images qui émergent, même s'ils ne semblent avoir aucun sens.

Cet exercice est une forme d'expérience originelle, des retrouvailles avec l'esprit de l'enfance. Interroger le ciel pour recevoir des messages de son inconscient est une plongée profonde et intense dans le langage symbolique.

**Phase 3.** Attendez quelques jours avant de relire votre histoire. Vous découvrirez, émerveillé(e), que cette lecture de nuages vous dévoile des clés pour dépasser votre peur. Il est courant qu'un changement s'effectue après cette expérience. Vous avez connecté un espace intérieur sans peur, un état du Soi qui modifie votre perception. Ne cherchez pas à comprendre les tenants et les aboutissants. Profitez tout simplement.

Pour aller plus loin, observez au quotidien ce qui vous entoure. Regardez les visages, les oiseaux, les arbres, l'herbe, les rivières, les maisons. Intéressez-vous aux détails. Entrez en contact avec le monde. Voyez vraiment et simplement, sans laisser votre mental analyser ou mettre des étiquettes. Votre perception habituelle vous fait vivre enfermé dans une cage, une représentation de la réalité et non la réalité elle-même.

---

1. The Archive for Research in Archetypal Symbolism, *Le Livre des symboles – Réflexions sur des images archétypales*, *op. cit.* (p. 118).
2. L'imagination active est une méthode créée par Jung. Elle consiste à explorer l'inconscient en communiquant avec les différentes parties en présence (émotions, personnages existants ou imaginaires, symboles, etc.) comme avec de véritables personnes. L'imagination active utilise divers moyens d'expression spontanée : visualisation, dessin, peinture, modelage, écriture, danse, etc.
3. Passage de la légende de Taliésin, barde légendaire de la mythologie celtique. Extrait tiré de l'ouvrage de Joseph Campbell, *Le Héros aux mille et un visages*, Oxus, 2010 (p. 212).
4. Témoignage extrait du film de Rüdiger Sünner, *Traversée de la nuit – Un voyage au cœur de la psychologie de C. G. Jung*, Production Atalante Film, 2011.
5. Pour une analyse plus approfondie de cette blessure, vous pouvez consulter notre livre, *Réveillez vos ressources intérieures*, *op. cit.* (p. 47 à 52).
6. Citation extraite de *L'enseignement de Ramana Maharshi*, Albin Michel, 2005.

# JOUR 14
## Le changement

### Le mur du changement

*« Il faut plus de courage pour changer son point de vue que lui rester fidèle. »*

**Friedrich Hebbel**

Je change/Ma vie change/Je change/Ma vie change/Je change/Ma vie change
Je change/Ma vie change/Je change/Ma vie change/Je change/Ma vie change
Je change/Ma vie change/Je change/Ma vie change/Je change/Ma vie change
Je change/Ma vie change/Je change/Ma vie change/Je change/Ma vie change
Je change/Ma vie change/Je change/Ma vie change/Je change/Ma vie change
Je change/Ma vie change/Je change/Ma vie change/Je change/Ma vie change
Je change/Ma vie change/Je change/Ma vie change/Je change/Ma vie change
Je change/Ma vie change/Je change/Ma vie change/Je change/Ma vie change
Je change/Ma vie change/Je change/Ma vie change/Je change/Ma vie change
Je change/Ma vie change/Je change/Ma vie change/Je change/Ma vie change
Je change/Ma vie change/Je change/Ma vie change/Je change/Ma vie change
Je change/Ma vie change/Je change/Ma vie change/Je change/Ma vie change
Je change/Ma vie change/Je change/Ma vie change/Je change/Ma vie change
Je change/Ma vie change/Je change/Ma vie change/Je change/Ma vie change
Je change/Ma vie change/Je change/Ma vie change/Je change/Ma vie change
Je change/Ma vie change/Je change/Ma vie change/Je change/Ma vie change
Je change/Ma vie change/Je change/Ma vie change/Je change/Ma vie change
Je change/Ma vie change/Je change/Ma vie change/Je change/Ma vie change
Je change/Ma vie change/Je change/Ma vie change/Je change/Ma vie change
Je change/Ma vie change/Je change/Ma vie change/Je change/Ma vie change
Je change/Ma vie change/Je change/Ma vie change/Je change/Ma vie change

## Pratique du jour

J'ARRÊTE D'AVOIR PEUR !

Que ressentez-vous en observant ce mur du changement ? De la fatigue, de l'impuissance, de la colère ou peut-être de l'impatience, de l'étonnement, de la joie ? Écoutez les différentes voix de votre système intérieur. Que disent-elles ? « Je n'y arriverai pas », « Changer mais pour quoi ? », « Qu'est-ce que cela va m'apporter ? », « Je ne sais pas par où commencer », « Oui, mais comment faire ? », « Oui, c'est possible », « Je peux y arriver », « Chouette, je respire », « Je suis impatient(e) », « J'ai plein de nouvelles idées », etc.

Avez-vous remarqué qu'il y a une porte de couleur sur le mur du changement ? Observez-le de nouveau. Qu'y a-t-il de l'autre côté de la porte ? L'accomplissement de soi. Le seul moyen d'ouvrir la porte est de changer son point de vue et sa compréhension des choses.

Le changement n'est pas une option, c'est une nécessité. Dans un monde où tout s'accélère, le danger serait de croire que le changement consiste à s'adapter toujours plus. Nombre de personnes, ressentant une raréfaction du temps, courent toujours plus vite. Elles accumulent les expériences de vie dans un temps restreint. D'autres se sentent inadaptées, essoufflées. Il y a pourtant une limite à la vitesse et au stress que l'homme peut supporter. Cette course est une nouvelle forme de fuite de soi-même. Tout changement procède d'une relation profonde avec soi. Ce que je transforme en moi m'ouvre à de nouveaux possibles à l'extérieur. Comment écouter les changements qui s'annoncent dans son for intérieur, s'accomplir et faire face aux différentes facettes de la peur du changement ?

# Accueillir le changement

*« Tout est changement, non pour ne plus être mais pour devenir ce qui n'est pas encore. »*

**Epictète**

### Les étapes pour se transformer

**Étape 1.** Évaluer ses attentes. Il est naturel d'avoir des attentes mais il est important de savoir si elles sont justes ou non.

Claire se souvient : « Quand j'ai échoué deux fois de suite au concours pour devenir professeur des écoles, mon monde s'est écroulé. J'étais persuadé que c'était ma vie qui se jouait… et ma vie perdait son sens. J'ai été déprimée pendant plusieurs mois. Un matin, je me suis réveillée différente. La déception avait cédé la place à une conviction nouvelle : je n'étais pas faite pour ce métier. Mon rêve d'enfant était de devenir comédienne. Aujourd'hui je suis comédienne professionnelle. » Dans le cas de Claire, son attente n'était pas conforme à ses élans profonds. Malgré sa douloureuse déception, elle a su retrouver son chemin.

Lorsqu'une attente est figée, l'individu veut avancer à contre-courant de la vie. Telle femme refuse de voir l'échec de son mariage et fait tout pour maintenir l'illusion d'un couple uni. Tel homme persiste à s'endetter alors que son restaurant est en faillite. Ces personnes résistent au changement et se cognent contre un mur. Le monde leur paraît injuste ou menaçant. La vie est mouvement, changement et transformation constante. Elle peut faire peur à moins de la percevoir différemment. Il y a toujours une porte de sortie vers de nouvelles opportunités.

Toute attente génère la peur de l'échec. Évaluer vos attentes est essentiel pour ne plus avoir peur. Observez ce que vous désirez. Est-ce bon et juste pour vous ? Avez-vous un réel pouvoir sur ce que vous voulez ?

**Étape 2.** Faire des petits pas. Certaines transformations apparaissent comme le lointain sommet d'une montagne. S'il est important de ne pas lâcher les buts que l'on se fixe, il est aussi sage de regarder chaque pas. À trop regarder le sommet, vous ressentirez la peur de ne pas y arriver et vous risquez d'abandonner un projet précieux qui est l'expression de votre être véritable. Une vie se construit pas à pas, avec patience (la science des petits pas). Ainsi, elle offre plus d'ouverture aux opportunités.

**Étape 3.** Accepter les épreuves. Si vous examinez attentivement la vie d'un grand créatif, vous découvrirez que toute réalisation côtoie des projets avortés et des échecs. Le réalisateur de films Jean-Pierre Jeunet témoigne de la longue préparation d'un film ambitieux, *L'Odyssée de Pi*. Embauché par la Fox, il se lance : « Durant quatre mois et demi, j'ai fait plus de trois mille photos […][1]. » Face aux contraintes financières du studio américain, il est obligé de revoir son travail : « Le patron de la Fox, me demanda si je pouvais produire ce film en Europe. J'ai donc, pendant deux mois et demi avec mes équipes, effectué une étude en Europe […]. J'ai alors entendu cette phrase qui m'a donné le frisson : "Repartons à zéro et trouvons de nouvelles solutions !" J'ai à ce moment-là compris que je pourrais très bien passer le reste de ma vie à travailler sur ce projet. » Il abandonne à regrets ce film qui sera repris plus tard par le cinéaste Ang Lee.

L'échec fait partie de tout processus de création. De plus, ce qui ressemble à un échec est souvent une préparation à une autre création.

**Étape 4.** Rester ouvert. Le changement demande du lâcher-prise pour rester ouvert aux signes et aux opportunités, et de la confiance pour accepter que l'on ne sait pas ce qui va se passer. Il s'agit de co-créer son existence avec la vie. La vie est un acteur actif qui amène ce dont on a besoin sous la forme de cadeaux inattendus et de rencontres. Il suffit de cueillir toutes ces richesses. Ma perception de ma vie reflète ma relation avec moi-même. Appréhender le monde comme une menace ou comme un ennemi ferme la porte des possibles.

## Deuxième peur fondamentale : la peur du changement

La peur du changement est ancrée en chacun. Elle est invisible. Derrière chaque attente excessive se dissimule une volonté de contrôle, une peur du changement.

Certaines transformations douloureuses s'imposent avec force et nourrissent plus que jamais la peur du changement. Non préparé à un événement, l'individu traverse parfois une crise. Une maladie, un accident, la perte d'un être cher ou un licenciement peut bouleverser une vie tout entière, réduire en poussière ce que l'on prenait pour acquis. Ces crises rappellent à chacun combien il est illusoire de croire que l'on contrôle son existence. Que faire ? Donner du sens, non pas à l'événement qui en semble dénué, mais à la crise.

L'écrivain français Christiane Singer rappelait : « La crise sert en quelque sorte de bélier pour enfoncer les portes de ces forteresses où nous tenons murés, avec tout l'arsenal de notre personnalité, tout ce que nous croyons être[2]. » La crise traduit la dissonance entre l'élan vital* et le faux-moi*. Si vous ne changez pas votre relation avec vous-même et avec la vie, vous subirez de plein fouet les crises inhérentes à l'existence.

Certaines crises sont l'expression d'un conflit intérieur. Des aspirations au changement ont besoin d'être libérées, exprimées et incarnées. Quand ces élans sont étouffés, un événement force la transformation, la poursuite d'une autre voie. Chacun peut transformer ses expériences, même les plus douloureuses, en de nouvelles perceptions. Personne ne prétend que cela est facile. À bien des égards, la vie est difficile mais la peur est une alliée. Elle enseigne comment mobiliser des ressources parfois inconnues pour dépasser les épreuves et les crises.

Une compréhension nouvelle émerge quand la souffrance est accueillie et quand on éprouve de la compassion pour sa douleur. Exprimer sa peine, se soutenir avec bienveillance, s'encourager et continuer à cheminer sont les signes que la peur n'est plus une ennemie.



1. Article « Life of Pi » surhttp://jpjeunet.com/news/
2. Christiane Singer, *Du bon usage des crises*, Albin Michel, 2001.

# JOUR 15
# La non-existence

## L'histoire d'une faillite personnelle

*« C'est de la non-existence que l'existence peut commencer. »*

**Donald W. Winnicott**

L'histoire de Théo est symptomatique. Quand l'enfant adapté* prend les rênes d'une vie, l'adulte piégé file vers une inéluctable faillite personnelle. Nous avons choisi de partager avec vous cette trajectoire de vie. C'est le témoignage exact d'un homme qui a frôlé le pire avant de connaître la renaissance.

### Faire semblant coûte que coûte

« Dans ma famille d'origine, je ne me suis jamais senti reconnu. Mon père, mon frère et ma sœur ont tous très bien réussi, selon les critères de statut social et d'argent de la société. Sans en être conscient, j'ai vécu pour être vu et admiré. Je désirais, plus que tout, me sentir aimé. C'est ce manque, ce vide immense qui est à l'origine de ma course éperdue.

J'ai toujours cherché à briller aux yeux de tous ceux qui m'entouraient. À l'école, je captais l'attention de mes camarades et j'obtenais les récompenses de mes professeurs. En grandissant, cela ne s'est pas arrangé ! Je suis devenu l'employé modèle, souriant, poli et efficace.

Auprès des femmes, je voulais désespérément être apprécié. Je faisais semblant d'aimer. Je ne m'en rendais pas compte mais je m'auto-persuadais que j'aimais. J'espérais ainsi combler mes manques.

On m'a toujours dit que pour recevoir, il fallait donner. J'ai retenu la leçon ! J'ai dépensé de l'argent pour plaire aux femmes et à ma famille (voyages, restaurants, cadeaux... sans compter). Dans ma quête sans fin de reconnaissance, d'admiration et d'amour, je faisais semblant d'être heureux, riche et charmant. J'étais inconscient jusqu'à ce terrible jour du lundi 8 janvier 2007. »

### Coup de semonce !

« Je me revois encore assis sur mon canapé. J'ouvre un courrier de ma banque. J'apprends que je suis interdit bancaire. Je contacte mon banquier qui me fait comprendre qu'il n'y a plus rien à faire. Je n'avais pas voulu écouter ses nombreux avertissements et ceux de quelques proches. Mon monde s'est écroulé et la réalité s'est imposée avec violence. J'étais surendetté. »

### Ma dépression financière

« J'étais seul au monde. J'avais le sentiment que j'allais disparaître. J'avais tellement peur de ne plus être, d'être personne. Je me sentais perdu et sans espoir. Le plus horrible fut d'imaginer la déception de mon entourage qui allait découvrir mon vrai visage. L'image du Théo parfait allait voler en éclats. J'avais tellement honte.

Je dormais peu et je pleurais sans raison mais je m'accrochais à mon image. Pendant plusieurs jours, j'ai sérieusement pensé au suicide. Je préférais la mort aux regards réprobateurs et à la pitié des gens.

J'avais perdu le goût de vivre. Devant les personnes que je côtoyais, je continuais à faire semblant comme si tout allait bien. J'étais de plus en plus malheureux et désespéré. Je me sentais sans valeur.

Par la suite, j'ai appelé ce passage sombre de ma vie ma dépression financière, une étrange combinaison entre mon mal-être et ma faillite financière. »

### La renaissance

« J'ai progressivement commencé une démarche thérapeutique par l'enfant intérieur. En osant dévoiler ma détresse, ma vulnérabilité, mes failles et mon imperfection, l'image que je donnais aux autres s'est effondrée.

Guidé par mes peurs, j'avais oublié d'être moi-même, d'écouter mes besoins naturels et d'accomplir ce qui vivait en moi. J'ai pu entendre et

1 2 3 4 5 6 7 8 9 10 11 12 13 14 JOUR 15 16 17 18 19 20 21

répondre à l'appel au secours du petit Théo. Je suis devenu adulte. Je suis devenu responsable de ma vie. J'ignorais que je n'existais pas. »



### Redevenir une personne

Guidés par des manques anciens, nombre d'adultes étouffent leur vivance*. Leurs désirs se portent uniquement vers l'extérieur. Leurs peurs conduisent leur vie. Elles sont les symptômes d'une non-existence.

Quand les ressentis et les besoins d'un enfant ne sont pas validés, il éprouve de la peur. Le rejet, la séparation ou la perte deviennent angoissants et insupportables. Adulte, il va rechercher la fusion dans des relations amoureuses ou dans l'appartenance à un groupe.

Cet enfant en manque d'amour et de reconnaissance survit dans l'adulte et prend le pouvoir. L'adulte hypnotisé par ses manques et ses peurs adopte à son insu des stratégies, normes et valeurs qui lui promettent le bonheur. Le cerveau mimétique est doué pour modéliser les outrances de la vision matérialiste et consommatrice qui prospèrent dans les systèmes dysfonctionnels (famille, école, entreprise, société).

Un adulte suradapté régresse au stade de pré-individualisation. Ses désirs de fusion, de dépendance et de possession engendrent des conflits intérieurs. Théo a traversé ces abymes pour renaître à lui-même, pour redevenir une personne à part entière, humaine, libre, imparfaite et heureuse.

## Exister en tant que personne

*« Ce qui caractérise la peur ordinaire, c'est donc la crainte avouée ou inconsciente, mais toujours constante de la mort ! »*

**Jean-Baptiste Édouard Gélineau**

### Troisième peur fondamentale : la peur de disparaître

La peur de disparaître s'exprime par une angoisse profonde, une impression de mort imminente. On retrouve sa source chez l'enfant dans les angoisses primaires de séparation (abandon, rejet et perte de lien), de désapprobation (humiliation, honte) et d'anéantissement (perte d'autonomie, mutilation, disparition). Dans un ouvrage sur son enfance, Jacques Salomé témoigne : « Toute l'espérance, la lumière, le vaporeux, le miel de l'enfance qui se perdent soudain dans une angoisse noire, rassemblée autour d'un seul effort : survivre, ne pas être englouti. Ne pas tomber, ne pas disparaître dans un trou noir, ne pas être absorbé par une faille de la vie, ou me perdre au tournant d'une nuit, risquer de m'égarer dans les labyrinthes d'un jour trop sombre[1]. »

La peur de disparaître se réveille dans des situations où le faux-moi est remis en cause. À l'instar de Théo, la plupart du temps, l'être humain mobilise sa capacité de transformation pour dépasser l'épreuve.

La peur de disparaître est inhérente à toute transformation. Quand des croyances, des valeurs et des fidélités aux normes familiales s'effondrent, on peut craindre l'anéantissement. C'est douloureux. En accédant à sa vérité intérieure, chacun se dépouille de ce qu'il croyait être lui. Il ne s'accroche plus à un *je* mental qui s'identifie à des états intérieurs. Il met ceux-ci à distance. En redevenant lui-même, à l'écoute de son enfant intérieur, Théo a cessé de fonder son identité sur les valeurs d'argent et de réussite de ses parents.

La peur de disparaître est annonciatrice d'une transformation nécessaire pour s'accomplir. Elle est distincte de la peur de mourir.

### La peur de mourir

La peur d'être séparé, la peur du changement et la peur de disparaître sont ataviques, c'est-à-dire l'héritage de l'expérience humaine. Ces peurs fondamentales cachent une peur existentielle primaire inhérente à tous, la peur de mourir.

Cette peur est naturelle. Tous les êtres humains ont peur de mourir. Ceux qui prétendent le contraire ne donnent pas, dans leur vie, une juste place à leur propre mort. Il est nécessaire d'avoir peur de mourir pour vivre pleinement. La peur de mourir ne signifie pas qu'on sera angoissé au moment de disparaître. Il est possible de partir en paix, avec le sentiment de s'être accompli au mieux de ses capacités et de ses compétences. Au crépuscule de sa vie, sur le bord de la falaise pour cet unique envol, chacun éprouvera une peur naturelle. Il devra dompter une dernière fois cette alliée avant de découvrir l'autre rive.

*Témoignage de Marie-France*

**Toute sa vie durant, ma mère avait très peur de la mort. Elle avait perdu sa mère de la grippe espagnole quand elle avait huit ans. Elle a ensuite vécu de nombreux deuils. Pourtant, au moment de mourir, elle était calme et en paix. Elle m'a confié qu'elle avait peur. Je lui ai simplement répondu : « Moi aussi à ta place, j'aurais peur. » Elle a doucement glissé dans le coma. Quelques heures après, elle en est ressortie le sourire aux lèvres. Elle a fredonné une chanson drôle que lui chantait son père quand elle était petite. Puis, elle est partie. Au moment de mourir, ma mère avait abandonné ses fortes croyances religieuses. Elle n'a pas désiré voir un prêtre. Elle était dans une présence à elle-même. Elle était lumineuse. La nuit suivant sa mort, j'ai entendu une dernière fois sa voix me murmurer : « Ne t'inquiète pas, tout va bien. Je vais bien. » Je sais maintenant que la mort n'est qu'un passage[2].**

*Témoignage d'Emmanuel*

**Récemment, lors d'une conférence, une femme me posa une question sur la mort. Je lui dis spontanément : « J'aurai peur mais ce n'est pas le plus important. Je ne quitterai pas seul cette terre. Je tiendrai par la main le petit Emmanuel. Cette évidence m'emplit de joie et de confiance. » Cette réponse émanait de mon cœur, de mon centre et je me suis interrogé sur la portée de mes paroles. J'ai ressenti, une fois de plus, l'absolue nécessité d'accomplir ma vie, d'incarner la vraie personne que je suis profondément.**

## Exister pour ne pas regretter

La mort interpelle sur la responsabilité de sa propre vie. Bronnie Ware, une ancienne infirmière australienne en soins palliatifs, a accompagné de très nombreuses personnes en fin de vie. Lors de conversations intenses et authentiques, ses patients lui ont confié leurs souvenirs, leurs peurs et leurs regrets. Elle a retranscrit dans un livre les cinq principaux regrets de ces personnes[3] :

1. Je regrette de ne pas avoir eu le courage de mener une vie en restant fidèle à moi-même, plutôt que la vie que les autres attendaient de moi.
2. Je regrette d'avoir travaillé autant.
3. Je regrette de ne pas avoir eu le courage d'exprimer mes sentiments.
4. Je regrette de ne pas être resté en contact avec mes amis.
5. Je regrette de ne pas m'être permis d'être plus heureux.

Bronnie Ware affirme : « La vie est trop courte pour se contenter de la regarder passer sous prétexte de la peur qui pourrait être vaincue, à condition de l'affronter[4]. »

Faites le point sur votre parcours de vie. Y a-t-il un ou plusieurs regrets qui s'appliquent à vous en cet instant ? Posez un acte dès aujourd'hui pour inverser la tendance. Par exemple, dites à un être cher combien vous l'aimez ou téléphonez à un ami pour prendre de ses nouvelles.

La vie est un potentiel de joie et d'amour, d'expression et d'accomplissement qui ne demande qu'à s'incarner. Si vous prenez soin de votre vie, vous développerez le courage de la changer pour vivre en harmonie avec votre enfant intérieur. Vous apprécierez davantage tous les cadeaux de la vie. C'est une existence qui vous verra mourir sans regret.

## Pratique du jour : Affronter sa mort

Dans notre travail de thérapeutes, nous sommes souvent étonnés du nombre de personnes qui ne s'intéressent pas à la mort ou qui fuient le sujet. C'est une étape essentielle pour prendre la responsabilité de sa propre vie.

Voici un exercice étonnant inspiré d'une proposition d'Anthony de Mello dans son livre, *Quand la conscience s'éveille*[5].

Allongez-vous au sol. Fermez les yeux et imaginez que vous êtes dans votre cercueil. C'est fini. Vous êtes mort et enterré. Prenez le temps d'observer votre chair qui se décompose puis vos os qui tombent en poussière. Votre corps disparaît. Il n'en reste bientôt plus rien. Ne subsiste qu'une conscience calme, paisible. Respirez plusieurs fois profondément. Ouvrez les yeux. Relevez-vous doucement.

Quelles nouvelles perceptions avez-vous de vous-même, de votre vie et de ce qui vous entoure ? Y a-t-il un changement en vous ? Peut-être est-il imperceptible mais prenez un instant pour le conscientiser.

1. Jacques Salomé, *Je viens de toutes mes enfances*, Albin Michel, 2009 (p. 191).
2. Le Docteur Hervé Mignot, fondateur de l'association Kübler-Ross France, m'a confié que les contacts avec des êtres chers décédés étaient courants en début de deuil.
3. Bronnie Ware, *Les Cinq Regrets des personnes en fin de vie*, Guy Trédaniel Éditeur, 2013.
4. *Ibid.* (p. 371).
5. Anthony de Mello, *Quand la conscience s'éveille*, Albin Michel, 2002.

SIXIÈME PARTIE

# Derrière la peur,

## l'élan de vie

« Derrière chaque peur se cache un formidable élan de vie qui repousse les limites de l'être. Apprendre à écouter et à répondre à son Moi authentique est une esquive à bon nombre de peurs. Ainsi, vous laisserez circuler plus librement votre élan vital et créatif pour vous accomplir pleinement. »

# JOUR 16
# La peur et la honte

## Débusquer la honte en soi

*« Le rejet du Moi par le Moi est probablement l'élément le plus profond et le plus dévastateur de la honte névrotique. »*

**John Bradshaw**

### Les désirs paralysés

Monique est une femme d'une cinquantaine d'années qui se sent enfermée dans sa vie : « Je veux divorcer de mon mari que je n'aime plus mais je n'y arrive pas. J'aimerais travailler. J'ai de nombreuses idées pour ma future activité mais dès que j'ai des actes à poser, je me sens trop fatiguée pour entreprendre quoi que ce soit. J'ai aussi envie de peindre. Une activité créative me ferait du bien mais je ne me lance pas. »

Monique est démunie face au paradoxe qui guide sa vie. Elle a le désir de répondre à ses besoins profonds mais elle se sent impuissante : « Je ne sais pas pourquoi, je n'arrive à rien. Je sais ce qui serait bon pour moi mais je suis incapable de changer ou de bouger vraiment. » Nous proposons à Monique de découvrir les motivations des différentes parties de son psychisme sous la forme d'une constellation de son paysage intérieur. La constellation du paysage intérieur est une puissante mise en espace et en situation pour laisser s'exprimer l'inconscient, rencontrer son enfant intérieur* et remplacer les images intérieures toxiques par des images de guérison. Cette technique (élaborée au fil de notre pratique) fait intervenir d'autres participants du groupe qui incarnent des personnes, émotions, sentiments, pensées ou symboles. C'est une manière de visualiser à l'extérieur de soi des éléments intrapsychiques et d'interagir avec eux. La transformation de son paysage intérieur modifie sa réalité extérieure.

Elle accepte et nomme immédiatement son désir d'être heureuse. Face à ce désir (incarné par une personne du groupe), elle sent aussitôt un grand froid qui l'envahit et la paralyse. Cette sensation traduit ce qu'elle vit quotidiennement. En l'interrogeant sur ce qu'évoque ce froid, elle exprime immédiatement : « C'est mon père ! »

### Une image paternelle glaçante

Le père de Monique est un homme froid et distant. Devant l'image de son père (incarnée par une autre personne), elle se risque à lui demander ce qu'il ressent. Il lui répond : « Tu n'as qu'à te remuer un peu plus. Regarde ta mère, ce n'est pas une fainéante. » Monique s'insurge : « Je reconnais là bien mon père. Toujours dans le faire. Avec lui, j'ai appris qu'il fallait être fort et ne pas montrer ses émotions. » Nous la questionnons au sujet de sa mère : « Ma mère ne montrait pas non plus ses émotions mais c'était une femme de cœur. » Nous l'invitons à choisir un autre participant pour représenter son image maternelle.

### Une image maternelle dévouée

Monique choisit inconsciemment une personne qui porte un tee-shirt intriguant. Sur ce dernier, il y a un motif irradiant au niveau du cœur avec une inscription en quatre lettres : « D-S-O-L ». Nous lui suggérons de donner une signification à chaque lettre. Elle dit sans réfléchir : « D comme Devoir, S comme Soumission, O comme Obéissance et L comme Loi. » Monique a de nouveau très froid et ajoute simplement : « Ma mère était une femme de cœur, dévouée. Elle faisait tout pour les autres. » Soudainement, Monique prend conscience du décalage entre les valeurs réelles de sa mère et la perception qu'elle en a. Elle reconnaît finalement : « Ma mère se donnait l'excuse d'être dans l'amour pour justifier ses comportements motivés par le devoir et l'abnégation la plus complète. Parfois, je continue à croire ce qu'elle disait. » Elle désigne une dernière personne pour figurer son enfant intérieur, la petite Monique.

### La petite Monique en pleurs

La petite est en pleurs. Monique est très dérangée : « Je suis mal de la voir pleurer. Il ne faut pas. Il faut qu'elle se calme. » Nous lui demandons pourquoi. « Parce qu'elle est si mignonne et si belle. Il ne faut pas qu'elle soit triste. » Nous lui soumettons l'idée d'autoriser son enfant intérieur à pleurer. Elle s'inquiète : « Non, ça ne se fait pas ! Ce n'est pas bien. Elle doit rester gentille. J'ai peur des conséquences. »

Monique finit par s'approcher de sa petite. Ses sensations changent : « J'ai chaud maintenant, très chaud même ! Je me sens mieux. Je sais que la petite Monique a le droit de pleurer. Quand j'étais petite, c'était interdit. Je vais arrêter de jouer à la *superwoman*. De toute façon, je ne suis pas heureuse dans ce rôle. Mes parents n'étaient pas heureux et je ne veux plus leur ressembler. »

Dans les jours qui ont suivi, Monique a beaucoup pleuré puis elle a retrouvé une énergie bienfaisante. Pour la première fois de sa vie, elle a pu poser des actes pour elle sans laisser sa peur la dominer et la trahir.

Monique, comme un très grand nombre de personnes, obéit inconsciemment à une éducation qui l'éloigne de son élan vital et créatif*. Elle reste fidèle aux messages des images parentales qui vivent en elle. Sa paralysie et son sentiment d'impuissance proviennent de cette fidélité et de la honte toxique qui l'accompagne.

### La honte toxique

La honte toxique est un sentiment difficile à débusquer. Elle se dissimule derrière des peurs plus ou moins handicapantes comme la peur de ne pas être à la hauteur, la peur de ne pas y arriver, la peur d'être nul(le) ou la peur d'être humilié(e).

Si une personne se sent mal, indigne ou incapable lorsqu'elle éprouve un désir, un sentiment ou un besoin, c'est qu'elle est pétrie de honte. Cette honte proclame que son Moi authentique est déficient.

L'enfant a besoin d'être validé par des parents et des enseignants bienveillants, protecteurs et aimants. Enfant, chacun a pu ressentir que ses élans naturels n'étaient pas acceptés. Un petit enfant ne peut pas remettre en cause ses parents. Il prend pour vérité ce qu'ils lui inculquent. La honte se propage suite aux nombreux interdits que l'enfant intériorise.

La honte toxique est le verrou qui emprisonne l'enfant intérieur exilé dans sa prison. Quand Monique découvre la petite en elle, elle est profondément dérangée. Cette vulnérabilité, longtemps refoulée, se manifeste enfin et vient percuter les dogmes parentaux. Dans un premier temps, Monique défend son éducation. Elle a toujours cru que la froideur de son père et l'abnégation de sa mère l'avaient fait « bien » grandir. Pour une partie d'elle, il n'est pas « bien » de montrer ses émotions (modèle paternel) et de répondre à ses besoins (modèle maternel). À chaque fois qu'une émotion ou un besoin essentiel émerge, un manager (une partie ou sous-personnalité) intervient pour la maintenir dans le droit chemin de son éducation. Jean Piaget, l'un des fondateurs de la psychologie du développement, affirmait : « L'éducation, dans la vision courante, consiste à essayer de rendre l'enfant conforme au type d'adulte de la société à laquelle il appartient. »

La honte toxique est garantie par un manager très courant et efficace : le juge intérieur. Qui ne se juge jamais ? Ce juge est le gardien de la geôle de l'enfant intérieur. Il génère la honte chez l'individu qui tente de dépasser les règles parentales ou sociétales. Ces interdictions sont toxiques quand elles contraignent le Moi véritable et l'élan vital et créatif. Il existe bien entendu des règles et des interdits légitimes et pertinents qui protègent l'individu, la société et la vie. Ceux-ci ne sont pas à remettre en cause.

Alors que la peur saine libère l'énergie pour satisfaire ses besoins fondamentaux, la honte toxique, elle, paralyse cette énergie. Elle est la certitude que l'on doit se soumettre. À quelle peur paralysante s'astreint-on plus ou moins ? À la peur de désobéir à ses parents.

## Désobéir aux interdictions

*« Rien d'audacieux n'existe*
*sans la désobéissance à des règles. »*

**Jean Cocteau**

### La peur de désobéir

Plus la honte est prégnante, plus les peurs contraignent l'individu. La honte toxique est la conviction que le Moi profond est déficient, voire anormal. Elle engendre l'idée qu'il est dangereux de désobéir aux interdictions parentales. Une éducation dysfonctionnelle élabore des sanctions, des punitions à caractère humiliant, pour maintenir l'enfant dans un état de honte et de peur arbitraire.

Une femme nous confiait récemment qu'à l'âge de cinq ans, elle jouait tranquillement quand sa mère furieuse fit irruption. Sa peur d'avoir mal fait (bien qu'elle ignorât de quoi il s'agissait) la tétanisa et elle urina dans sa culotte. Sa mère lui enleva sa culotte et la lui mit sur la tête. Elle obligea ensuite sa fille à rester nue sur le balcon avec la culotte sur la tête pour qu'elle sèche. Cette femme se rappelle encore les moqueries de ses frères.

***Témoignage d'Emmanuel***

« **Personnellement, je ressentais beaucoup de honte lorsque j'étais adolescent. J'étais mal dans mon corps qui me semblait moche et indigne d'amour. Durant mon enfance, ma mère m'a donné des fessées mémorables. Cette maltraitance « courante » a longtemps laissé des traces dans ma perception dégradée de moi-même et de mon corps. Ces sentiments ont atteint leur apogée à l'adolescence, période ô combien déjà délicate en soi. Jeune adulte, un de mes comportements a attiré mon attention. Lorsqu'une personne faisait un geste vif à côté de moi, je levais le bras pour me protéger. Cette réaction inadaptée m'a conduit à reconnaître le petit Emmanuel maltraité. En prenant soin de lui et en le rassurant, j'ai libéré mon corps d'un carcan de honte et de peur. Enfant, je pensais mériter ces punitions. Je veillais bien entendu à être un gentil fils. Aujourd'hui, je suis indigné par les mauvais traitements que j'ai reçus. J'ai pu rendre symboliquement cette violence à ma mère et m'émanciper des interdictions auxquelles j'obéissais.** »

La peur de désobéir est une peur de l'autorité, une autorité toute puissante qui impose des devoirs avant d'accorder à l'enfant le droit d'être, de ressentir, d'exprimer et de créer selon ses propres aspirations.

## Le devoir d'aimer ses parents

Au cœur de chacun se loge le devoir d'aimer ses parents quoi qu'ils fassent. Les punitions « éducatives » martèlent le danger de la désobéissance. Dans cette vision, l'enfant est, par nature, « mauvais ». Il doit être corrigé et les sanctions confirment combien il est mauvais. L'enfant se voit interdit d'être simplement un enfant et une petite personne humaine à part entière. Alice Miller rappelait : « La plus grande cruauté que l'on inflige aux enfants réside dans le fait qu'on leur interdit d'exprimer leur colère ou leur souffrance, sous peine de risquer de perdre l'amour et l'affection de leurs parents[1]. »

Le parent dysfonctionnel croit pouvoir vaincre le « mal » par une violence punitive. Il utilise une pédagogie noire pour imposer une norme sévère qu'il a lui-même subie dans son enfance sans jamais la remettre en cause. C'est pourquoi la honte est transgénérationnelle. Elle contamine des générations entières tant que l'individu, maillon de transmission des valeurs et normes familiales, ne s'insurge pas.

Si votre peur vous assure que vous risquez de perdre l'amour de l'autre, c'est que vous êtes pétri de honte. Vous croyez ne pas pouvoir être vous-même car vous ressentez que votre être profond n'est pas digne, respectable et aimable. Interrogez alors les interdictions dont vous avez été victime enfant. Il est fort probable qu'elles vous ont été présentées comme étant pour votre bien. C'est pourquoi, comme Monique, vous les justifiez parfois en énonçant les bons côtés de cette éducation. Vous pensez peut-être que, sans ces règles sévères, vous seriez devenu une moins bonne personne. Vous cautionnez sans le savoir des paroles et des comportements qui vous ont fait violence. Vous ne ressentez pas assez la saine colère et l'indignation indispensables à votre libération.

Un enfant aime naturellement ses parents. Il n'a pas besoin d'une éducation pour le lui enseigner. Beaucoup d'adultes honorent régulièrement leurs parents pour les soins et l'amour qu'ils ont reçus. Si vous êtes dans ce cas, vous gardez secrètement une honte toxique en vous. Elle vous persuade que vous êtes redevable envers vos parents car ils vous ont donné la vie. C'est un carcan subtil mais ô combien paralysant (vous ne parvenez pas à réaliser ce qui vous tient réellement à cœur) et mystifiant (vous créez une vie conforme aux vœux de vos modèles parentaux).

La peur interroge la vision tronquée ou idéalisée de l'enfance. Vous n'auriez pas peur de la vie si vos expériences premières n'avaient été qu'amour et joie. La peur est une invitation à accepter la totalité de l'expérience enfantine avec ses ombres et ses lumières.

Un enfant a besoin de saines limites, d'un espace d'expression et d'une communication fondée sur l'écoute et la bienveillance. Dans ce cadre éducatif, son intelligence morale innée est pleinement mobilisée. Les sanctions ou punitions sont inutiles. Une interdiction n'est pas une limite. La limite questionne l'enfant sur lui-même, l'interdiction le muselle et le contraint. Les interdictions font grandir avec la peur de se dévoiler.

### La peur de se dévoiler

La peur de se dévoiler est souvent associée au risque d'être blessé, trahi, humilié ou accusé. On craint d'être vulnérable, de montrer ses sentiments ou de les avouer. Cette dissimulation du Moi authentique est profondément handicapante dans la relation à soi et à l'autre.

De nombreux sentiments permettent d'évaluer si un besoin est satisfait ou non. Certaines personnes en les réprimant s'empêchent de répondre à leurs besoins profonds. Avec le tableau ci-dessous, vous allez évaluer le degré de reconnaissance et d'expression de vos sentiments[2]. Vous allez ainsi repérer si vous répondez à vos besoins.

| Sentiments liés à des besoins satisfaits | | Sentiments liés à des besoins non satisfaits | |
|---|---|---|---|
| Étonné | Plein d'entrain | Fâché | Mal à l'aise |
| Plein d'assurance | Comblé | Désorienté | Ennuyé |
| Plein d'énergie | Plein d'espoir | Déçu | Préoccupé |
| Content | Intrigué | Affligé | Découragé |
| Inspiré | Ému | Frustré | Embarrassé |
| Joyeux | Fier | Désespéré | Impuissant |
| Soulagé | Stimulé | Irrité | Impatient |
| Surpris | Plein de gratitude | Nerveux | Seul |
| Touché | Confiant | Perplexe | Submergé |
| À l'aise | Euphorique | Triste | Réticent |

La peur de se dévoiler est une peur sociale. Elle limite les échanges et les contacts avec autrui. Elle s'accompagne souvent d'une peur de l'intimité et d'une peur de l'affirmation de soi.

Sandrine, une femme de 44 ans, se souvient : « Pendant longtemps, je n'étais pas à l'aise en groupe. Je me sentais bête, incapable de soutenir la moindre discussion. Je n'avais aucune idée personnelle. Je ne parlais pas et cela se terminait toujours de la même manière. Je sentais que les autres me jugeaient et se demandaient ce que je faisais là. Il m'est souvent arrivé de fuir une réunion, une fête ou d'annuler un rendez-vous. Je n'étais pas fière de mes comportements et je m'en voulais encore plus. »

La peur de se dévoiler plonge l'être dans un cercle vicieux de honte et de culpabilité toxiques. Ces sentiments sont des poisons de l'âme. Pour s'en libérer, il convient d'abandonner le fantasme du parent idéal. Tous les parents sont imparfaits car humains. Il n'est pas possible de vivre des émotions matures tant que les déficiences des parents et la responsabilité de leurs actes ne sont pas reconnues. Nombre d'adultes restent d'éternels enfants adaptés en cautionnant les comportements éducatifs douteux de leurs parents. Ils endossent des responsabilités qui ne leur appartiennent pas. Ils s'interdisent de remplacer la honte et la peur par l'audace.

## Convertir sa peur en audace

Derrière chaque peur se cache un potentiel vital et créatif insoupçonné. Quand cette énergie formidable est réprimée par des normes et des règles peu épanouissantes, l'individu est en souffrance.

Chaque peur est une audace en devenir lorsque l'on accepte de s'indigner en exprimant sa colère. La colère saine, comme la peur, est un signal d'alarme pour prendre conscience qu'un besoin n'est pas satisfait et qu'un schéma de pensée entrave l'accès à la satisfaction de ce besoin. La colère représente une opportunité de canaliser et de rediriger son énergie vitale vers de nouveaux objectifs plus justes pour soi. La peur et la colère peuvent être des forces de discernement et de sagesse. Elles participent pleinement à l'intelligence créative, c'est-à-dire l'art d'inspirer et de créer sa vie en percevant les multiples possibilités de s'accomplir.

Plus on écoute son enfant intérieur, plus on découvre les limites qui lui ont été imposées. La tristesse, la colère et l'indignation sont incontournables. Exprimées pour soi, et non contre l'autre, elles libèrent de la peur et la transforment en audace. L'audace est une forme de transgression, une émancipation vers l'état d'adulte libre et entier. Les plus grandes audaces sont les fruits des plus grandes peurs.

En accordant de nouvelles autorisations à votre enfant intérieur, vous lui permettrez d'enfreindre les anciennes interdictions. Vous rétablirez votre Moi authentique en adoptant vos propres limites saines et une nouvelle obéissance à ce qui est bon et juste pour vous. Votre relation avec les autres sera plus authentique car vous n'aurez plus besoin d'endosser des rôles figés pour vous dissimuler ou exiger ce qui vous a manqué. Vous ne tenterez plus de garder votre système intérieur (et votre système familial d'origine) immobile, à l'abri du changement. Accorder de nouvelles autorisations à son enfant intérieur est l'un des programmes les plus audacieux que l'on puisse réaliser dans une vie.

## Pratique du jour : Se donner de nouvelles autorisations

L'adulte pétri de honte se sent interdit, incapable d'être lui-même. Il croit à l'obéissance et au devoir que lui ont inculqués ses éducateurs (parents et enseignants). Cet adulte adapté dissimule un enfant apeuré qui attend un bon parent soutenant et aimant.

Nous vous proposons d'offrir de nouvelles autorisations à votre enfant intérieur pour qu'il s'accomplisse. Les exemples ci-dessous vous serviront de guide pour prendre conscience des parties de votre être à libérer et pour inventer vos propres permissions.

1. Les autorisations à être et à devenir soi-même :
- Je suis un homme et j'en suis fier.
- Je suis une femme et j'en suis fière.
- J'ai le droit de voir, d'entendre, de parler et de ressentir.
- Ma sexualité est digne de respect.
- J'ai le droit de jouer et de créer.

2. Les autorisations portant sur les émotions :
- J'ai le droit d'éprouver et d'exprimer de la tristesse, de la colère, de la joie.
- J'ai le droit d'être vulnérable.
- J'ai le droit de manifester mon affection ou mon mécontentement.

3. Les autorisations portant sur les besoins :
- J'ai le droit d'être au service de mes propres besoins.
- J'ai le droit de me faire plaisir et de prendre du plaisir.
- J'ai le droit de me mettre à la première place.
- Je peux respecter les émotions, les besoins et les désirs de l'autre sans me nier.

4. Les autorisations portant sur les apprentissages :
- J'ai le droit de changer.
- J'ai le droit d'apprendre de nouvelles choses, d'être curieux de la vie.
- J'ai le droit de faire des erreurs.
- J'ai le droit d'avoir des limites.
- J'ai le droit de prendre mon temps.

J'ARRÊTE D'AVOIR PEUR !

5. Les autorisations portant sur l'affirmation de soi :

- Je suis une personne unique.
- J'ai le droit d'accepter, de refuser, de demander et de donner.
- J'ai le droit d'être fier de ce que j'entreprends.
- J'ai le droit de refuser d'assumer les conséquences des actes d'autrui.

Pour activer vos nouvelles autorisations, nous vous invitons à les écrire en grosses lettres et en couleur sur de grandes feuilles. Vous les afficherez de manière à les voir régulièrement. Gardez-les bien en vue jusqu'à ce qu'elles deviennent des évidences et que votre audace se mue en joie et en gratitude pour vous-même.

1. Alice Miller, *C'est pour ton bien – Racines de la violence dans l'éducation de l'enfant*, Aubier, 1998 (p. 128).
2. Ce tableau reprend les sentiments énoncés par Marshall B. Rosenberg dans son livre, *Spiritualité pratique, op. cit.* (p. 81 et 82).

# JOUR 17
## La peur, le désir et le besoin

### Le triangle vital

*« L'énergie est une sève ardente, la vivance de la vie déposée en chacun à l'instant de sa conception. »*

**Jacques Salomé**

Derrière toute peur, il y a un désir qui dissimule lui-même un besoin. La peur, le désir et le besoin ne se situent pas sur le même plan. La peur est une émotion. Le désir est une transformation de la pulsion dans une recherche de satisfaction. Le besoin est une nécessité de différents ordres, physiologiques, affectifs, relationnels, etc. Il est fondamental, universel et nécessaire à l'épanouissement de l'individu. Besoin et désir sont souvent confondus.

Bien que différents, ils sont interconnectés et agissent en synergie (ensemble). Ils forment un triangle vital dont l'équilibre assure une juste redistribution de l'énergie de vie.

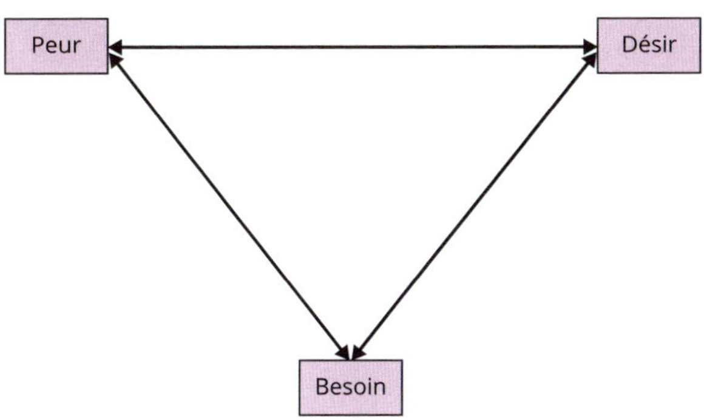


1 2 3 4 5 6 7 8 9 10 11 12 13 14 15 16 JOUR 17 18 19 20 21

L'énergie vitale est un mouvement, un élan. Quand elle est à son service, un être peut dépasser sa peur et agir. Ce n'est pas la peur elle-même mais son objet et sa manifestation qui rendent impuissant. Une bonne synergie entre peur, désir et besoin offre une dynamique intérieure propice à l'action et à l'expression de soi. Elle permet de lâcher l'objet de la peur plus aisément et de développer du courage.

Comme tout système, la force du triangle vital s'appuie sur quatre principes universels qui favorisent la vivance* en soi[1]. À l'inverse, le dérèglement de ces principes entame l'énergie de vie.

## Des principes pour la vivance

*« Ne supprimez pas le désir, vous ne seriez plus en vie. Vous perdriez votre énergie vitale et ce serait terrible. »*

**Anthony De Mello**

### Principe 1 : Trouver l'équilibre

Si vous observez l'allégorie de la justice, vous remarquerez que l'un de ses attributs est la balance. Elle symbolise la recherche continuelle d'un équilibre entre des opposés. Cette vision est conforme à la dualité qui habite l'être humain : « Dois-je plutôt suivre ma raison ou mon cœur ? Ma peur ou mon désir ? » Un simple regard sur le triangle vital donne la possibilité de sortir de cette ambivalence. Tant que la question est binaire, l'équilibre reste précaire. Faire intervenir un troisième protagoniste comme le besoin offre une perspective résolument dynamique.

Joséphine est une jeune femme, mère de deux filles ; l'aînée a cinq ans et la cadette trois. Depuis la naissance de ses filles, elle a le désir d'être une bonne mère. Elle a lu les meilleurs auteurs sur la parentalité et posé différents actes pour le bien-être de ses filles. Pourtant, elle constate que sa famille est dysfonctionnelle. Ses enfants sont très exigeants. Son mari et elle sont souvent débordés et se disputent régulièrement au sujet de l'éducation des enfants. Ils se reprochent mutuellement de ne pas en faire assez. Lorsqu'elle nous consulte, Joséphine est en souffrance : « J'ai tout le temps peur. Depuis la naissance de mes filles, j'ai peur de mal faire et d'être une mauvaise mère. Parfois, je me mets en colère devant mes filles et mon mari me dit que je suis folle. Par la suite, j'oublie ce qui s'est passé ou ce que j'ai dit. Cette situation m'effraie. »

En interrogeant Joséphine, nous comprenons que ses enfants sont devenus le centre de la famille au détriment du couple. S'il est essentiel de considérer l'enfant comme une personne à part entière et de lui accorder son espace, sa place est à la périphérie du couple comme le précisait Françoise Dolto. Dans l'exemple de Joséphine, le couple est en crise et ne représente plus un élément sécurisant et structurant pour les enfants. Face à cette situation bloquée, nous invitons Joséphine à nommer ses besoins. Elle s'exclame alors : « Mais, je n'ai pas le temps. Je passe mes journées à faire des tonnes de choses. »

Peu à peu, Joséphine apprend à remettre ses besoins au centre de sa vie. Quelque temps après, elle nous rapporte un événement significatif : « Hier, je suis rentrée chez moi mais je n'ai pas fait comme d'habitude, c'est-à-dire courir à droite et à gauche pour gérer le matériel. Je me suis assise sur le canapé à côté de mes filles. Après quelques minutes, elles m'ont raconté leurs journées. Elles m'ont fait participer à leurs jeux. J'étais submergée par l'émotion. J'ai pris conscience qu'en voulant bien faire, je n'avais pas été réellement là pour elles. J'ai oublié mes besoins et j'ai imaginé les besoins de mes filles sans entendre ce qui était important pour elles. » Joséphine prend conscience que sa peur, liée à une enfance douloureuse où personne ne s'occupait d'elle, la pousse à faire toujours plus, toujours mieux pour ne pas ressembler à ses parents.

Joséphine et son mari ont finalement retrouvé un équilibre dans leur couple et leurs enfants sont plus sereins.

Aujourd'hui, Joséphine se consacre du temps sans que ses filles exigent sa présence. Dans cette famille, le désir et la peur ont repris une place saine grâce à la prise en compte du besoin. Cet équilibre est devenu dynamique, c'est-à-dire qu'il n'engendre ni tension, ni opposition. Les membres de cette famille ne sont plus prisonniers de leur frustration et de leur colère. Ils ont des relations plus harmonieuses.

### Principe 2 : Favoriser l'harmonie

L'Homme est un être désirant, c'est-à-dire mu par une pulsion de vie qui le pousse à chercher et à vivre de nombreuses satisfactions. Tous les sens physiques (vue, odorat, ouïe, toucher et goût) sont une ode au plaisir et à la joie de vivre. Les perceptions plus sensibles (émotions, sentiments, intuitions et expériences paroxystiques[2]) participent aussi à cette ferveur de vivre. Qu'il est bon d'avoir un corps et un esprit ! Ils ouvrent les portes à tant d'expériences différentes.

Dans toutes les cultures du monde, il y a des croyances, des normes et des valeurs qui restreignent la simple joie de vibrer et de jubiler. Quelle est la peur qui sous-tend ces systèmes pourvoyeurs de honte et de culpabilité ? La peur de la liberté. Beaucoup ignorent que le corps est la fusée qui propulse l'esprit vers les étoiles. Le corps est un allié pour être libre ; il renseigne chacun sur sa peur, son désir et son besoin à travers les messages qu'il envoie. L'harmonie naît lorsque la peur, le désir et le besoin sont reconnus.

Les désirs sont multiples et variés. Ils sont une traduction de l'élan de vie mais ils peuvent se transformer en entraves s'ils prennent le pouvoir dans le triangle vital. C'est le cas d'Hervé. Chez cet homme de 32 ans, le désir est polarisé, c'est-à-dire qu'il occupe toute la place.

Hervé a tout le temps des désirs sur autrui. Il veut que sa compagne s'habille de manière sexy en sa présence. Il veut que ses amis lui téléphonent à une heure précise. Il veut que sa mère quitte son père. Il veut que son patron lui donne une prime conséquente. Il veut… Ses désirs fusent dans tous les sens sous forme d'exigences sur autrui. Plus sa position devient rigide et inflexible, plus les autres le fuient. Lorsque sa compagne décide de rompre, il ressent la peur en embuscade derrière chacune de ses exigences. Hervé s'attache à ses désirs et en oublie le partage qu'il pourrait vivre dans ses relations.

La polarisation du désir crée de l'attachement, de la dépendance et la peur de perdre ou de ne pas obtenir. Elle efface les besoins personnels et relationnels véritables. L'harmonie dans un système implique que chacun soit prêt à mettre au second plan une partie de ses attentes pour le bénéfice du groupe. Pour Hervé, l'autre n'existe pas en tant que personne mais en tant qu'objet pour combler ses désirs. Il devient lui-même la marionnette de ses désirs qui lui font miroiter le bonheur. Il est victime d'une « satisfaction substitutive du désir[3] », c'est-à-dire que ses désirs omniprésents non régulés tentent de satisfaire des manques. Ce sont des substituts à des besoins plus profonds avec lesquels il n'est plus en contact. Cette stratégie n'est jamais efficace bien longtemps. Hervé découvrira que la minijupe de sa compagne ne répondra pas à son manque de confiance et qu'une prime n'augmentera pas beaucoup son faible sentiment de valeur personnelle.

Les dernières recherches neuroscientifiques ont apporté un nouvel éclairage sur le désir. Ce dernier est mimétique. Il est inspiré par le désir de l'autre ou copié sur celui-ci. Le neuropsychiatre français Jean-Michel Oughourlian conclut : « Sans le désir, né en miroir, nous n'existerions tout simplement pas en tant que personnes[4]. »

### Principe 3 : Influer

En apprenant à devenir un bon parent pour soi, chacun cultive un positionnement depuis le Soi* et redevient le pilote de l'avion qui préside aux destinées de son être. Dans le processus de reparentage*, le bon parent protège son enfant intérieur. Il offre de nouvelles autorisations pour vivre plus heureux. Enfin, il libère la part de son élan vital et créatif entravée. Ces dynamiques (les 3P : Permission, Protection et Puissance) permettent d'influer sur sa vie[5]. Elles sont nécessaires pour maintenir le triangle vital en équilibre comme l'illustre le schéma ci-dessous.

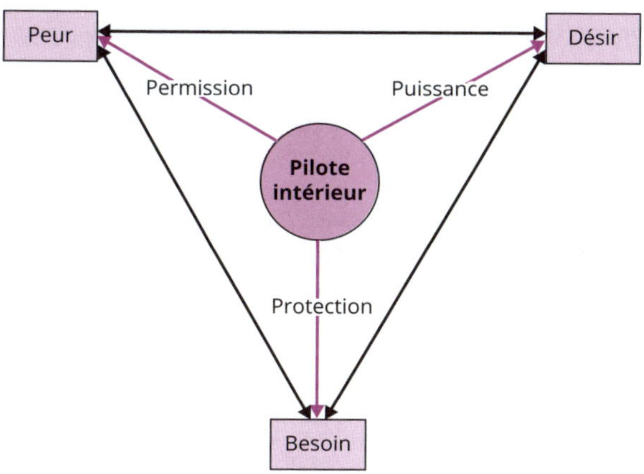


Avez-vous eu la permission d'avoir peur ? Vous a-t-on appris que la peur était naturelle ? Vous a-t-on accompagné à l'apprivoiser pour la transformer en courage et en audace ? Avant de vouloir dépasser une peur, il est essentiel de l'accepter. Elle a sa raison d'être et elle est digne de respect. En sortant de la tension, on peut retrouver sa puissance.

La puissance de la vie qui circule en chaque être est trop souvent insoupçonnée. S'ouvrir au désir, c'est suivre le courant de la vie. Comme le vent gonfle la voile, on ne peut naviguer sans écouter le désir derrière chaque peur.



Ressentez-vous vos besoins physiologiques, affectifs, relationnels, réalisationnels et spirituels ? Pensez-vous qu'il est égoïste de s'occuper de ses besoins ? Comme l'affirme Marshall B. Rosenberg : « On ne fait pas un bon esclave quand on est relié à ses besoins[6]. » Les besoins sont des guides pour vivre la joie et la liberté.

Chaque élément du triangle vital (peur, désir, besoin) sera un allié si vous accordez à votre enfant intérieur* de la permission, de la puissance et de la protection.

## Principe 4 : S'épanouir

L'épanouissement de l'être est une architecture à remodeler sans cesse au fil de la vie.

### *Témoignage d'Emmanuel*

**Je me souviens qu'enfant, j'étais d'une grande sagesse intuitive (comme le sont de nombreux enfants). Je communiquais avec les animaux. J'avais un regard aiguisé sur la folie des grandes personnes. Mes aspirations à l'amour me plongeaient dans de longues méditations. J'observais la peur, la tristesse, la souffrance, la joie ou même le divin en moi. Je souriais à la vie et je savais mon avenir, l'enseignement, l'écriture de livres, la rencontre avec une femme merveilleuse, l'accompagnement thérapeutique, etc. Je lisais le livre de mes possibles. Tout me semblait si naturel. Cela ne l'était plus du tout à l'adolescence !**

**Aujourd'hui adulte, je réalise mes rêves d'enfant. J'ai de nouvelles aspirations, de nouvelles visions. Je m'épanouis en acceptant qu'il existe mille manières de m'accomplir. Tout ce que j'avais vu ou pressenti enfant n'était pas une obligation mais un contrat de moi à moi. J'ai la responsabilité de grandir, de prendre le temps nécessaire pour panser mes blessures, pour développer mes talents et mes relations. J'ai la responsabilité d'incarner au mieux mon essence, de cheminer de celui que je crois être à celui que je suis réellement.**

**Lorsque j'ai rencontré Marie-France lors d'une formation, j'ai immédiatement reconnu en elle les qualités que j'espérais partager dans une relation amoureuse. Nous nous sommes rapprochés mais ma timidité m'interdisait de faire le premier pas. Marie-France a pris l'initiative avec prudence. Je me remémore parfaitement notre dialogue au cours d'une promenade dans un vaste parc :**

**« Emmanuel, je désirerais vivre une relation plus privilégiée avec toi », me dit-elle.**

Paralysé par la peur, je répondis : « Mais, c'est déjà le cas. »

« Oui, seulement, je souhaiterais que nous soyons encore plus proches. Je ressens quelque chose de fort entre nous et j'aimerais que nous partagions encore plus, si tu es d'accord. »

— « Non ! Ça me convient comme ça. »

Cette phrase, ces mots m'échappèrent. Ils s'imposaient malgré moi, contre moi.

Pendant que je rentrais seul de cette balade, je sentais mon cœur s'emballer. J'avais peur, peur d'être heureux et de laisser l'amour entrer dans ma vie. Au-delà de ma peur, j'avais surtout honte d'avoir dit non, d'avoir fui un bonheur possible. Une voix me répétait : « Tu attends cette rencontre depuis toujours, alors ose ! » J'allais passer à côté de l'opportunité d'apprendre à aimer. J'étais terrifié et empli de désir. Je me suis isolé. J'avais maintenant peur d'être une victime, un simple spectateur qui voit sa vie lui échapper. Je me souviens avoir pleuré et même hurlé pour expulser des interdits enfouis en moi. J'ai finalement écouté toutes mes parties en présence. J'ai senti que j'étais libre. J'ai choisi l'épanouissement de mon être. J'ai couru murmurer ces paroles à l'oreille de Marie-France : « Derrière mon non se cache un immense oui. Oui, je désire être avec toi. » Notre relation amoureuse débuta sur ces mots... »

Certains prétendent qu'il faut lutter contre ses peurs, leur rendre la vie impossible. En réalité, il est plutôt nécessaire de descendre dans l'arène de ses parties psychiques. Ce sont elles, avec leurs lots de croyances erronées et de sentiments toxiques, qui sont à débusquer. Elles utilisent les peurs comme paravents, pour paralyser l'être sans révéler leurs véritables visages, leurs fidélités à des modèles dysfonctionnels et à des expériences douloureuses. Affronter uniquement la peur revient à ne s'occuper que du sommet de l'iceberg. La peur n'est pas une émotion isolée. La peur est systémique ; elle appartient au triangle vital agissant au cœur de chaque partie ou sous-personnalité. Le plus important n'est pas de lutter contre la peur mais de se confronter au système sous-jacent.

Chaque jour, la peur, le désir et le besoin m'animent.
Ils naissent à la vie plus vite que toute autre chose.
Ne pas en tenir compte revient à étouffer ma propre vivance*.

## Pratique du jour : Explorer son triangle vital

Dans cet exercice, vous allez explorer la dynamique de votre triangle vital. Vous sortirez de l'impuissance et agirez plus facilement depuis votre centre, le Soi ou pilote intérieur.

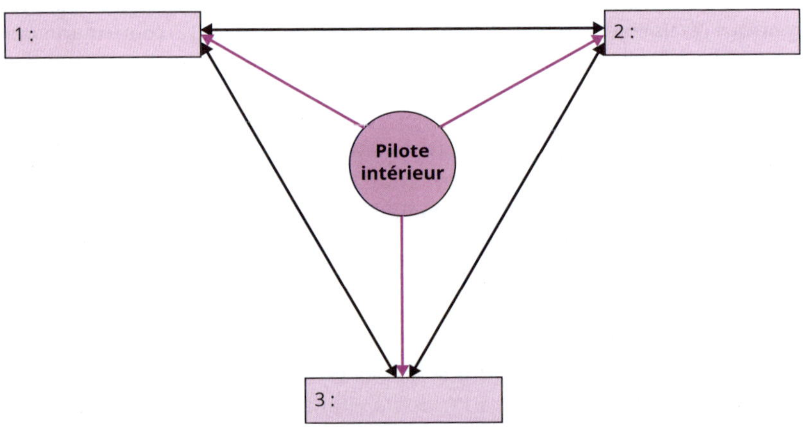


**Phase 1.** Remplissez les cases 1 à 3 en répondant aux questions suivantes :

- Case 1 : Quelle est ma peur ?
- Case 2 : Quel est mon désir derrière cette peur ?
- Case 3 : Quel est mon besoin caché ou oublié ?

Évitez d'utiliser des termes identiques pour désigner votre peur, votre désir ou votre besoin. Si c'est le cas, cela signifie que l'un de ces éléments n'est pas assez éclairé. Vous ne créerez pas de réelle dynamique. Prenons deux exemples :

- *Exemple A.* 1. Peur d'échouer à mes examens. 2. Désir de réussir mes études. 3. Besoin de réussir mes examens. Dans cet exemple, le désir et le besoin ayant la même formulation, l'équation reste binaire et non triangulaire. Le besoin est à approfondir. Derrière la troisième réponse se cache peut-être le besoin d'être autonome.

- *Exemple B.* 1. Peur de dire non à ma mère. 2. Désir de dire non à ma mère. 3. Besoin de m'affirmer. Ici la peur et le désir sont identiques. Le désir est à examiner : peut-être s'agit-il d'un désir de liberté ou d'un désir de confrontation ?

**Phase 2.** Une fois que le triangle est mis au jour, vous pouvez descendre dans l'arène et constater quelle sous-personnalité s'exprime en premier. Est-ce l'enfant adapté, un manager, un pompier, un parent ou leader autoritaire ou bien votre enfant intérieur ?

Nommez la partie qui a peur. Observez-la comme une personne vivante avec ses émotions, ses désirs et ses besoins. Permettez-lui de s'exprimer et respectez-la dans son ressenti. En l'accueillant, d'autres parties vont intervenir.

Imaginez à présent que vous êtes tous installés (vous-même et vos parties) autour d'une table où chacun a le droit à la parole. Soyez présent uniquement dans un esprit d'échange et de partage. Il est fort probable que vous soyez surpris par certains propos ou certaines révélations. Ne cherchez pas à analyser leur contenu. De nouvelles peurs, désirs et besoins vont surgir.

Cet exercice conduit pas à pas à l'enfant intérieur exilé. Validez-le dans sa peur, son désir et son besoin. Au début, cet enfant peut se sentir seul, abandonné, triste, mal aimé et mécontent. Ses ressentis sont légitimes. Une fois entendu et libéré, il se sentira joyeux, dévoué, plein d'affection, créatif et spontané. Ne vous étonnez pas si vous ressentez aussi de la honte et de la tristesse de l'avoir négligé si longtemps.

**Phase 3.** Agissez maintenant en pilote bienveillant et compatissant avec vous-même en vous prodiguant permission, puissance et protection. Optez pour un positionnement qui respecte les quatre principes de la vivance :

- trouver l'équilibre ;
- favoriser l'harmonie ;
- influer ;
- s'épanouir.

J'ARRÊTE D'AVOIR PEUR !

**Phase 4.** Écrivez un petit texte pour retranscrire vos ressentis. Laissez chaque partie se dire. Faites-le avec sensibilité et respect sans vous dévaloriser ou vous disqualifier. N'essayez pas de bien faire en croyant qu'il vous faut parfaitement comprendre l'exercice. Le seul but de cette pratique est de vous habituer à générer de l'intimité avec votre monde intérieur en cultivant de l'acceptation pour votre être entier et multiple, avec vos ressources et vos limites, avec votre force et votre vulnérabilité.

---

1. Ces principes s'inspirent de l'ouvrage du psychothérapeute américain Richard C. Schwartz, *op. cit.* (p. 25 à 27).
2. Les expériences paroxystiques sont le propre de l'être humain. Ce sont des expériences spirituelles intimes et transcendantes. C'est principalement le psychologue Abraham Maslow qui a initié ces recherches transpersonnelles. Un ouvrage récent aborde la question, *Manuel clinique des expériences extraordinaires*, sous la direction de Stéphane Alix et de Paul Bernstein, InterÉditions, 2009.
3. Voir l'ouvrage de Christian Jeanclaude, *Les ombres de l'angoisse – La peur d'être vivant*, Collection Oxalis, De Boeck, 2004 (p. 19 à 21).
4. Boris Cyrulnik, Pierre Bustany, Jean-Michel Oughourlian, Christophe André, Thierry Janssen, *op. cit.* (p. 105).
5. Ce sigle 3P fait référence à une dynamique entre les états du Moi en Analyse transactionnelle. Les 3P permettent l'expression d'un individu dans des conditions de sécurité et d'encouragement optimales.
6. Marshall B. Rosenberg, *Spiritualité pratique*, *op. cit.* (p. 44).

# JOUR 18
# La pyramide des peurs

## Vivre ou s'adapter

*« Ne perdez pas vos parfums, votre vie ;*
*Utilement sachez les employer ! »*

**Thérèse de l'Enfant-Jésus**

**L'histoire des deux ramoneurs**

Le premier ramoneur était un homme simple et heureux. Il aimait son travail. Il prenait grand soin de son échelle qui lui permettait d'atteindre les plus hautes cheminées. À la fin de chaque journée, il s'asseyait sur les toits pour assister au coucher du soleil sur la ville puis il redescendait tranquillement. Personne ne le voyait vraiment. Qui se soucie d'un ramoneur ? Pourtant les rares personnes qui ont croisé sa route, racontent toutes la même chose. L'espace de quelques instants, sa présence les avait simplement rendus paisibles et joyeux.
Extérieurement, rien ne différenciait le second ramoneur du premier. Il travaillait dans la même ville et on ne le remarquait pas davantage. Seulement, il souffrait de cette situation, ne pas être reconnu dans sa tâche. Pour y remédier, il décida de devenir le meilleur ramoneur de la ville et une idée géniale germa dans son esprit. En coupant le premier barreau de son échelle, il serait plus rapide et plus efficace que tous les autres ramoneurs. Il s'exécuta et cela fonctionna. On lui fit remarquer sa rapidité mais son bonheur fut de courte durée. Il devint à nouveau invisible au regard de ses employeurs. Il décida donc de couper un deuxième puis un troisième barreau. À chaque fois, il n'obtenait qu'une considération éphémère. Le jour où il venait de couper un quatrième barreau à son échelle, un violent incendie se déclencha, au-dessous de lui, dans une grande cheminée d'usine. Son seul moyen d'en réchapper était de fuir par le sommet de l'immense conduit. C'est à cet instant qu'il prit conscience d'une évidence : il ne pouvait plus gravir son échelle à cause du quatrième barreau manquant. C'est ainsi qu'il disparut dans les flammes.

### L'enfant intérieur comme image centrale

Tous les hommes aspirent au bonheur, à la joie et à l'amour. Le cœur de chaque être invoque cet accomplissement qui consiste à vivre sa nature humaine sans mutilation de soi. Dans cette quête, chacun traverse différentes étapes depuis la naissance jusqu'à la mort.

Dans le cycle d'une vie, l'image de l'enfant est centrale. Jung affirme que l'enfant symbolise « un être initial et final [...], un être du début mais aussi de la fin[1] ». En chacun demeure un éternel enfant.

Le premier ramoneur figure un homme accompli. Il vit avec simplicité. Il prend soin de son échelle, c'est-à-dire de tous les éléments qui édifient une vie. Les rêves, les ressources, les besoins, les émotions (peur, tristesse, colère, dégoût et joie), les sentiments, toutes les fragilités... sont des barreaux pour s'élever et devenir meilleur.

Un homme entier se réconcilie avec l'enfant en lui. Pour concrétiser sa vie, personne ne peut faire l'économie de la rencontre avec l'enfant qu'il a été. L'enfant intérieur* a deux visages indissociables. L'enfant triste et exilé permet de transcender la souffrance inhérente à la vie alors que l'enfant libre et créatif offre ses forces innées. C'est le même être. Si vous l'écoutez attentivement, il vous murmure : « Je suis toujours là. » Il est temps de l'accueillir, de le serrer dans vos bras, de prendre son parti et de l'aimer en toutes circonstances. C'est une expérience unique, profondément humaine, semée d'humilité, d'amour et de compassion.

Sur le chemin de la réconciliation avec l'enfant intérieur, chacun peut faire des expériences extraordinaires semblables à des clins d'œil de la vie. Récemment, au mois de décembre, Gisèle était dans le métro en route pour l'un de nos stages. Une dame âgée d'environ 80 ans avec un bonnet rouge s'approche de la place à côté d'elle, hésite, lui sourit et la scrute gentiment. Gisèle l'interpelle : « Madame, vous pouvez vous asseoir si vous le désirez, la place est libre. » « Non ! Vous voyez bien qu'il y a votre petite fille », lui répond la vieille femme. Gisèle est interloquée : « Il n'y a personne ! » Elle regarde autour d'elle et ne voit aucune fillette dans la rame du métro. La dame lui sourit de nouveau et insiste : « Mais si, il y a votre petite fille. » Au bout d'un moment, la vieille dame finit par s'installer avec précaution à cette place. Gisèle a vécu cette expérience comme une synchronicité (événement extérieur semblant relever du hasard mais qui prend un sens pour la personne qui en est le sujet ou le témoin), la confirmation de la présence de son enfant intérieur.

L'enfant intérieur est une réalité tangible, la souvenance et la vivance du petit être humain en soi. Plus ce lien est nourri, plus il est perceptible. Un adulte qui s'accomplit rayonne car son cœur est celui d'un éternel enfant émerveillé et joyeux.

### L'adaptation infantile

Dans un monde où l'on a tendance à se tourner vers l'extérieur, le refoulement de l'enfant en soi est la source de peurs et de mal-être. Le second ramoneur symbolise celui qui court et fuit son intériorité, le sanctuaire de son humanité.

Il est courant d'envisager ses peurs et ses difficultés comme des erreurs à corriger. Dans notre pratique professionnelle, nous constatons que de nombreuses personnes cherchent des solutions faciles, rapides et indolores. Certains prétendent leur offrir des résultats miracles. Une démarche psychologique n'est peut-être pas la seule voie pour résoudre ses difficultés mais elle s'avère précieuse pour explorer son système intérieur et débusquer sa continuelle adaptation infantile.

Le second ramoneur veut recevoir de la reconnaissance. Son comportement est dominé par l'enfant adapté* en quête de réparation. Chacun peut se retrouver dans cet exemple. Les manques anciens de considération, d'amour, de tendresse, etc. nourrissent cette adaptation au cœur de laquelle vit l'illusion de toute-puissance infantile.

### L'illusion de toute-puissance infantile

Le cheminement vers l'enfant intérieur nécessite de nombreuses étapes, comme les barreaux d'une échelle, pour approfondir la relation de soi avec soi. L'une d'elles est la traversée de l'illusion de toute-puissance infantile[2].

L'enfant est naturellement égocentré. Il se vit comme le centre de son monde et développe l'illusion qu'il possède un pouvoir sur les êtres et les choses. Il ne peut pas concevoir que quelque chose existe sans lui ou différemment de lui. Sa pensée est magique jusqu'à environ six ans. Il enchevêtre le réel et l'imaginaire. En grandissant, il acquiert de nouvelles compétences. Il différencie, hiérarchise, appréhende les objets dans le temps et dans l'espace. Sa pensée magique recule mais elle ne s'efface pas complètement. Elle reste une disposition naturelle présente en chaque individu.

Les adultes continuent à s'adapter au monde en gardant secrètement une pensée plus ou moins infantile. Très souvent, leur énergie est utilisée pour vouloir, exiger, contraindre, obliger, prendre. Ils se comportent avec les autres, avec la planète et avec la vie comme un enfant sans limites qui désire tout obtenir immédiatement. Cette tendance est parfois subtile, déguisée sous des airs de maturité et de responsabilité.

Un enfant n'a pas besoin d'un parent qui réponde à tous ses désirs. Son développement nécessite un espace d'expression et d'écoute avec de saines limites. Un adulte n'a pas besoin d'une vie qui réponde à tous ses désirs. Son accomplissement est un voyage vers ses possibles, tout en acceptant sa fragilité, sa vulnérabilité et ses limites.

Tout adulte est à la fois un enfant libre et un enfant adapté. L'enjeu est de répondre à ses appels intérieurs sans attendre tout de l'extérieur, sans exiger que les autres (ou la vie) se conforment à soi. La réconciliation avec son enfant intérieur offre ce juste positionnement responsabilisant. La plupart des êtres humains sont en crise. Ils ont perdu leur connexion directe à l'énergie de vie, à leur source, la force des origines.

### La vivance ou l'adaptation

Toutes les peurs interpellent intimement chacun sur son positionnement et son lien avec la vie. Si on s'appuie sur la recherche et l'expression de son Moi authentique, les peurs se transforment en messagères pour être plus vivant et développer des dispositions empathiques et compatissantes envers soi et les autres. Vivre devient alors la manifestation de son potentiel profond.

Si, à l'inverse, on s'appuie sur un faux-moi*, une personnalité fondée sur un système sclérosé, les peurs se métamorphosent en geysers émotionnels, en cuirasses psychocorporelles et en croyances figées. Vivre rime alors avec s'adapter. On adopte certaines stratégies pour exiger son dû ou pour répondre aux demandes extérieures dans le vain espoir de combler des manques et de réparer des blessures. Ce système de défense fait souffrir. Il privilégie la relation blessante à soi et à l'autre plutôt qu'une relation fluide, soutenante et créative.

La vivance* et l'adaptation sont présentes en chacun. La peur, qui fait partie des grands troubles intérieurs, en est le baromètre. Elle questionne : « Suis-je en accord avec ma vraie nature ? »

## La pyramide des peurs

*« Ne vous demandez pas de quoi le monde a besoin.*
*Demandez-vous ce qui éveille à la vie, puis faites-le.*
*Car ce dont le monde a besoin,*
*c'est d'êtres qui s'éveillent à la vie. »*

**Howard Thurman**

### Qui n'a pas peur ?

Les peurs souterraines* sont incontournables. Tous les hommes ont peur. Ceux qui le nient refoulent encore plus profondément leurs peurs. À l'image du second ramoneur (voir p. 161), certaines peurs puissantes sont le moteur de stratégies dysfonctionnelles. Ce ramoneur n'a pas peur consciemment mais il agit comme un pantin. Par sa quête effrénée de reconnaissance, il détériore son existence. Il retourne son intelligence contre lui en la transformant en force destructrice, capacité présente en chacun.

Les conduites à risque sont un flirt avec la mort pour échapper à la peur de vivre. Jérémy se souvient : « J'étais un fan du saut à l'élastique. Je n'avais pas peur. Je me shootais à l'adrénaline jusqu'au jour où mon médecin a diagnostiqué des dommages importants au niveau de mes cervicales. Mes sauts à répétition me faisaient vivre des chocs analogues au coup du lapin. Je risquais une sérieuse blessure à la moelle épinière. J'ai dû arrêter et je me suis retrouvé sans passion. J'ai alors ressenti le vide que je fuyais sans le savoir. J'avais de nombreuses peurs concernant la vie. À 28 ans, je restais un éternel adolescent qui ne voulait pas grandir. Je croyais avoir vaincu la peur avec le saut à l'élastique et je me retrouvais plus effrayé que jamais. »

Jérémy a repris sa vie en main. Il s'est lancé dans des projets qu'il ne se croyait pas capable de réaliser. Il a encore peur de construire sa vie mais il a retrouvé le désir de vivre et de se réaliser.

Une vie s'accomplit en surmontant les nombreuses peurs souterraines. Certaines n'engendrent pas forcément de grandes difficultés ; d'autres impliquent des obstacles à franchir.



### La hiérarchie des peurs

Comme pour les besoins, il existe une hiérarchie des peurs. Plus on aspire à la réalisation de ses besoins, plus on se confronte à des peurs profondes, parfois difficilement nommables.

Le schéma ci-dessous propose une vision pyramidale évocatrice bien que la réalité psychique soit non linéaire, plus dynamique. L'être humain se construit comme un puzzle, une pièce ici, une autre par là. Il y a des étapes de vie mais rien n'interdit les allers-retours, l'exploration de voies sans issue ou les avancées fulgurantes. La vie, tel un torrent, creuse son lit, contourne des obstacles ou stagne parfois.

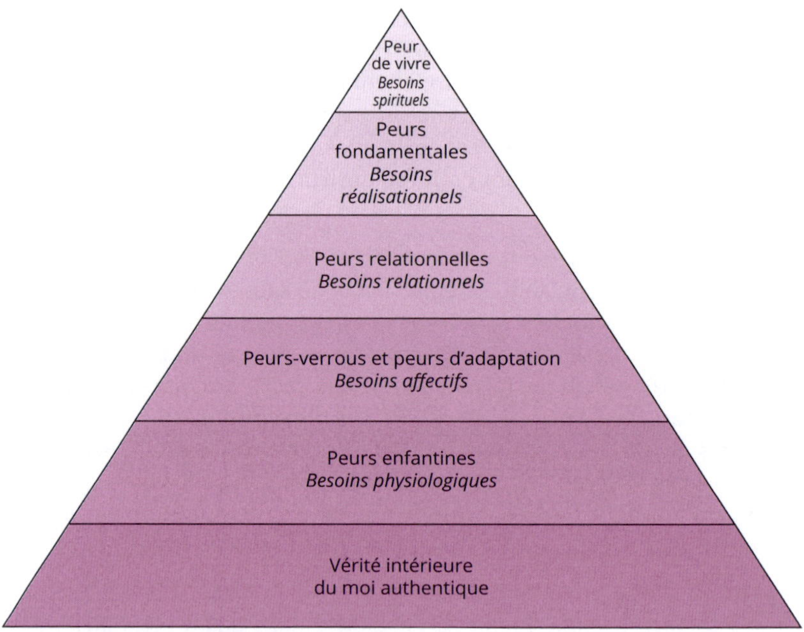


Chaque être est unique et expérimente les peurs souterraines avec plus ou moins d'acuité. Voici un petit rappel non exhaustif de ces différentes peurs.

| Peurs enfantines | Peur du noir, peur de l'ombre, peur du monstre (ou du monstrueux). |
|---|---|
| Peurs-verrous | Peur de perdre le contrôle, peur de revivre sa souffrance d'enfant, peur de dépasser ses limites. |
| Peurs d'adaptation | Peur de l'inconnu, peur de perdre l'amour, peur du ridicule. |
| Peurs relationnelles | Peur d'être rejeté, peur d'être jugé, peur de la différence. |
| Peurs fondamentales | Peur d'être séparé, peur du changement, peur de disparaître. |

En fonction de son cycle de vie, de ses expériences et de ses compétences, un être est plus sensible à certaines peurs. Une femme âgée peut ressentir fortement la peur de disparaître, ce qui est plus rare chez un adolescent. Un homme ayant été maltraité par ses parents va craindre davantage de revivre sa souffrance d'enfant. Un jeune enfant ayant perdu sa mère en bas âge aura peut-être des comportements qui trahissent sa peur d'être séparé.

Nombre d'individus mobilisent des ressources pour transcender une peur, d'autres vivent secrètement avec et certains se sentent impuissants. Chacun a besoin d'être entendu dans sa sensibilité propre, là où il se trouve, avec empathie et compassion.

Une existence est peuplée de peurs souterraines. Personne ne peut échapper à cette réalité. Chaque peur est une occasion d'exprimer ses besoins en lien avec son Moi authentique.

## De quoi ai-je vraiment besoin ?

Vous posez-vous régulièrement cette question ? Si une peur (ou des peurs) vous paralyse ou vous handicape, il est possible que cette question et sa réponse ne soient pas encore suffisamment au cœur de votre vie. La pyramide des peurs est une aide précieuse pour visualiser le parallèle entre les peurs et les besoins. Jusqu'à maintenant, nous avons évoqué les besoins sans les nommer (à l'exception des besoins relationnels). Ceci est intentionnel. Peut-être avez-vous constaté qu'il n'est pas aisé de reconnaître ses besoins. C'est surprenant quand on sait qu'ils sont une priorité pour embellir sa vie. Les besoins connectent au Moi véritable et accroissent la vivance*.

J'ARRÊTE D'AVOIR PEUR !

Manque et besoin sont souvent confondus : « J'ai besoin d'amour » ou « Je manque d'amour ». Quelle différence y a-t-il ? Le manque est la résurgence d'un besoin inassouvi dont on reste coupé. Cette coupure fait naître un sentiment de vide qui pousse à la compulsion, voire à la dépendance. On tente de remplir un puits sans fond. À l'inverse le besoin remplit une fonction régénératrice au service de la vivance* et de l'accomplissement de soi. En écoutant ses sensations et ses peurs, il est plus facile de distinguer le besoin du manque.

## Petite pratique du jour

Mettez-vous debout et pensez à l'un de vos besoins. Ressentez les sensations de votre corps. Vos épaules et le centre de votre poitrine sont-ils ouverts ou au contraire ressentez-vous des tensions, une rétraction musculaire ? Dans l'ouverture, vous êtes en contact avec votre besoin dont vous pouvez prendre la responsabilité en y répondant. Dans la fermeture, vous êtes dans le manque, le vouloir et l'exigence.

### Quelques besoins fondamentaux

Ne faisons plus durer le suspense. Voici un tableau énumérant quelques besoins fondamentaux. Le besoin d'être heureux est l'un des plus essentiels et des plus forts. Ce qui enchante votre enfant intérieur, c'est de vivre heureux à vos côtés. Si vous souhaitez son bien-être, attelez-vous à répondre à ses besoins, à vos besoins.

| | |
|---|---|
| **Besoins physiologiques** | Manger, boire, respirer, dormir, se vêtir, se protéger, toucher, sentir, faire de l'exercice, prendre soin de soi et de sa santé, vivre sa sexualité, etc. |
| **Besoins affectifs** | Aimer, respecter, soutenir, compatir, comprendre, s'amuser, rire, se sentir en sécurité, appartenir à un groupe, avoir sa place, ressentir, pleurer, exprimer ses émotions et sentiments, vibrer, s'affirmer, etc. |
| **Besoins relationnels (définis par Jacques Salomé)** | Être reconnu, se dire, être entendu, être valorisé, être en intimité, créer et influer, rêver et espérer. |

| Besoins réalisationnels | Être autonome, réaliser ses rêves, choisir ses valeurs et ses croyances, être intègre, être authentique, s'épanouir, s'accomplir, s'affranchir des modèles, mobiliser ses qualités, apprendre, etc. |
|---|---|
| Besoins spirituels | Célébrer la beauté, l'harmonie, la paix et la vie, être heureux, traverser les deuils (êtres chers, projets avortés, etc.), communier avec la nature, connecter son être profond, s'ouvrir à l'invisible, concilier force et fragilité, expérimenter la complétude (être un adulte entier, un et multiple), etc. |

Certains besoins élevés sont la traduction d'aspirations profondes dont les rêves d'enfant sont la précoce manifestation. Retrouver ses rêves d'enfant est une voie pour ressentir, au-delà des peurs, ce qui est essentiel pour soi.

## Pratique du jour : Écouter ses rêves d'enfant

Cet exercice est précieux pour réintégrer la part d'enfance indispensable à l'expression de votre être[3].

**Phase 1.** Complétez sans réfléchir et par quelques mots les phrases suivantes :

- Mon jouet favori, enfant, était…
- Mon jeu favori, enfant, était…
- Mon histoire préférée, enfant, était…
- Mon dessin-animé préféré, enfant, était…
- Mon film préféré, enfant, était…
- Les lectures que j'aimais, enfant, étaient…
- Lorsque l'on me demandait, enfant, quel métier je désirais faire, je répondais…
- Aujourd'hui, je rêve secrètement de…
- Si je ne croyais pas que c'est trop tard ou que j'en suis incapable, je…
- Je ressens un profond bien-être à chaque fois que je…
- J'ai confiance en moi quand…
- Je suis joyeux et heureux quand je…

J'ARRÊTE D'AVOIR PEUR !

**Phase 2.** Analysez maintenant vos réponses. Certaines correspondent à des éléments que vous appréciez encore aujourd'hui. D'autres en sont très éloignées. En devenant adulte, une minorité d'individus conserve et concrétise ses rêves d'enfant. Les autres en font leur deuil ou en gardent un profond regret[4].

**Phase 3.** Le langage privilégié de l'enfant est symbolique. Il est connecté aux symboles qui peuplent son imaginaire. Un rêve d'enfant peut être l'expression directe d'une aspiration mais le plus souvent c'est une image symbolique. L'enfant utilise les objets puis les mots pour exprimer des vérités essentielles qui le traversent. Nombre de rêves d'enfant sont à décoder. Ils sont la souvenance de cette connexion directe de l'être enfantin avec la vie.

Chacun de vos rêves d'enfant garde le secret d'aspirations profondes et de besoins fondamentaux. Examinez de nouveau vos réponses. Faites revivre vos rêves d'enfant en regardant un film ou en relisant une histoire de votre enfance. Soyez témoin de ce qui vibre en vous.

Les rêves d'enfant ne sont pas désuets. Ils conservent la résonance de votre élan vital et créatif originel. Écouter ses rêves, c'est redevenir un enfant pour qui « [...] la vie et la mort, le réel et l'imaginaire, le passé et le futur, le communicable et l'incommunicable, le haut et le bas cessent d'être perçus contradictoirement[5] ».

---

1. Carl Gustav Jung, Charles Kerényi, *Introduction à l'essence de la mythologie*, Payot (p. 158).
2. Expression évocatrice régulièrement employée par Jacques Salomé pour désigner la toute-puissance de l'enfant qui perdure à l'âge adulte.
3. Cette pratique est une variante approfondie d'un exercice proposé dans notre livre, *Réveillez vos ressources intérieures*, *op. cit.* (p. 102).
4. Selon une enquête de LinkedIn auprès de huit mille utilisateurs, 30 % des personnes interrogées exercent le métier dont elles rêvaient enfant ou une profession étroitement liée. Ceux qui n'ont pas réalisé leur rêve d'enfant l'expliquent de différentes manières : 44 % évoquent de nouveaux intérêts, 15 % déclarent que leur rêve était trop difficile à atteindre, et 13 % se sont orientés vers un métier plus lucratif. LinkedIn est un réseau social sur le web destiné aux professionnels. Il regroupe 225 millions de personnes dans le monde.
5. Citation d'André Breton extraite de son *Manifeste du surréalisme*.

SEPTIÈME PARTIE

# Ne plus avoir peur

## de ses peurs

> « Combattre les peurs en voulant les supprimer est non seulement impossible mais encore plus déstabilisant pour la psyché. La peur peut devenir une alliée. Si elle ne dit pas directement la vérité, elle est une clé pour ouvrir la porte à une vie emplie de compassion et de richesses. Ne plus avoir peur de ses peurs permet de vivre pleinement, d'être plein de Soi. »

# JOUR 19 La peur et les blessures de l'enfance

## La vie blessée

*« Toutes les souffrances sont causées par une identification à quelque chose, que ce quelque chose soit à l'intérieur ou à l'extérieur de l'être. »*

**Anthony de Mello**

### La peur et le fardeau

La peur naturelle avertit d'un danger et sa fonction première est de l'éviter. Elle est essentielle à la protection et à l'intégrité de l'être. Parfois la peur saine arrive après l'événement et confirme bien qu'il y avait un danger. Certaines personnes sont honteuses et se sentent coupables de ne pas avoir pu ou su échapper à un traumatisme. Si c'est votre cas, vous risquez d'utiliser la peur pour alimenter une image dégradée de vous. Lorsque vous ressentez de la peur, vous n'êtes ni faible, ni une pauvre victime.

L'enfant doit apprendre la peur du danger pour éviter d'être la proie d'abus. Sa confiance innée l'empêche de remettre en cause les comportements blessants de ses parents ou d'autrui. Il est essentiel qu'il reconnaisse la nature de ce qui blesse. Pour cela, il aura besoin d'écouter et d'apprivoiser sa peur. La peur est une réaction normale face à des comportements blessants.

Nombre d'adultes n'ont pas amadoué leur peur. Ils la refoulent ou la dissimulent pour éviter de recontacter leur souffrance d'enfant et pour éviter d'embrasser leur vulnérabilité. Ils se forgent une carapace où la fragilité n'a pas sa place. Ils s'imaginent ainsi ne plus pouvoir être meurtris par l'autre. Chaque existence porte une part de vie blessée trop rarement admise et apaisée.

Lucie est une jeune femme brillante. À 27 ans, elle est responsable juridique et fiscale dans un grand groupe bancaire puis, en l'espace de trois ans, elle décroche son premier poste de management. Deux ans plus tard, elle devient « Directeur ». Elle fait le point sur sa vie : « J'ai consacré tout mon temps à mon travail. Jamais malade, toujours sur le pied de guerre mais avec des comprimés dans mon sac contre les maux de tête, de ventre, les nausées et les vertiges. J'assume des fonctions inespérées. J'ai mon nom en haut de l'organigramme et dans des articles de journaux. Je suis fière et honteuse à la fois. Je porte en moi un sentiment d'imposture. En tant que petite-fille d'agriculteurs, rien ne m'a préparée, encore moins légitimée, à atteindre ce niveau de responsabilité. »

La peur est intrinsèquement liée aux blessures de l'enfance qui laissent dans le corps des mémoires avec leurs lots d'émotions, de sentiments et de convictions (idées ou croyances) non digérés. Ces mémoires deviennent des fardeaux où la peur domine. Lucie porte un poids dont les maux de son corps sont le symptôme.

Après quelques semaines de démarche sur l'enfant intérieur, elle déclare avec émotion : « Le monde de l'entreprise et le pouvoir m'ont lessivée sans adoucissant. Je ne suis qu'un automate qui cherche à faire plaisir aux autres, à répondre à des attentes cachées. Les larmes incontrôlables, les migraines, les intestins en vrac me parlent… J'ai peur et je ne comprends pas. »

### L'attachement au passé

Toute souffrance, physique ou morale, s'accompagne de peur et de colère. Beaucoup préfèrent être déprimés que de ressentir de la colère, émotion ostracisée faisant partie des sept péchés capitaux[1]. La colère est chargée de sentiments dérangeants. On peut craindre de perdre le contrôle, de détruire l'autre ou d'entrer dans une rage folle.

Après des années de surmenage, Lucie est effondrée. Une remarque de son père : « Je savais que tu as eu ce poste trop tôt dans ta carrière. Il aurait fallu encore attendre vingt ans », ouvre les vannes de sa colère. Elle s'autorise à manifester, pour la première fois, son ressentiment : « Je suis furieuse contre mon père. Je me rends compte que tout est de sa faute.

J'ai entendu toute ma jeunesse des phrases imbéciles auxquelles j'ai obéi. Il me répétait sans cesse : "21 sur 20, ce serait mieux", "Quand tu seras Premier ministre, ce sera mieux", etc. Je suis le produit de sa loi du toujours plus, toujours mieux, jamais suffisant, jamais assez bien, toujours plus haut. Je le déteste. »

Quelques semaines plus tard, son discours change : « Mon père a fait au mieux. Il n'a pas eu de père et il a souffert de ne pas pouvoir faire d'études. Je comprends qu'il voulait le meilleur pour moi et je l'en remercie. »

Les deux réactions de Lucie traduisent son attachement au passé. Elle continue à se définir en fonction des comportements, des mots et des jugements de son père. Ce lien est toxique car il l'empêche de valider sa vérité intérieure. Son ressentiment contre son père ou les excuses qu'elle lui trouve sont les deux faces d'une même pièce, celle du fardeau. Sa réussite professionnelle n'est qu'une suradaptation aux messages reçus dans l'enfance. Les maux de son corps l'avertissent du fossé qui se creuse entre sa fidélité à un modèle blessant et son être profond.

L'histoire de Lucie représente ce que chacun peut vivre. Observez sans jugement votre vie. Tant que vous mélangez le comportement de l'autre avec votre blessure, vous portez un fardeau dont le poids s'accroît avec le temps. En s'associant à la violence ou au chaos généré par le comportement de l'autre, on crée en soi une partie blessée qui ne pourra pas guérir. Cette partie symbolisée par l'enfant adapté* n'attend qu'une chose. Elle veut recevoir exactement ce qui lui a manqué de la part des personnes qui l'entouraient à l'époque et qui se sont révélées plus ou moins déficientes. Peut-on guérir d'un fardeau ou, pour l'exprimer autrement, peut-on guérir du comportement de l'autre ? Il est évident que non car le comportement de l'autre appartient à l'autre. En restant attaché au passé, c'est-à-dire aux comportements blessants de l'autre, on revit indéfiniment des émotions perturbatrices de peur et de colère. On reste un adulte hypnotisé par son passé, le jouet de transes* régulières qui court-circuitent le formidable élan vital et créatif au cœur du Moi véritable.

# Guérir sa vie blessée

*« Cet amour qui nous a tant manqué ne nous attend pas. Il est absent et le sera toujours. Cependant, en tant qu'adultes, nous pouvons apprendre, grâce à la thérapie, à aimer l'enfant que nous étions. »*

**Alice Miller**

## La juste responsabilité

Beaucoup d'adultes ont peur de la confrontation. Ils craignent de se confronter à l'autre en lui reconnaissant la responsabilité de ses comportements. Ils redoutent aussi d'accepter qu'ils soient responsables de leurs ressentis et de leurs propres comportements. Il est plus facile de reprocher à l'autre sa peur ou sa colère, ou de jeter un voile sur son passé en décrétant que l'on a eu une enfance heureuse. Toute enfance vibre de ses lumières et de ses ombres. Il n'existe pas d'enfance entièrement heureuse. Chacun porte en lui une vie blessée qu'il a pour mission d'assumer, d'accueillir et d'accompagner.

Enfant, vous avez subi des paroles et des comportements qui ont été des violences physiques, morales ou psychologiques. Vous avez été en colère et vous avez eu peur. Vous vous êtes senti perdu, honteux ou coupable. Aujourd'hui, ce n'est pas à vous de comprendre les motivations des personnes qui vous ont meurtri. Vous risquez d'excuser ou de rationnaliser des actes dont vous n'êtes pas responsable. Votre véritable mission est de légitimer l'enfant en pleurs, apeuré et en colère qui s'exprime en vous. Cette juste responsabilisation appelle une saine colère, l'indignation. S'indigner pour ce que l'enfant en soi a enduré est une marque d'amour et de maturité.

Lucie, en rencontrant la petite en elle, a pris conscience de sa seule et unique responsabilité : « Une évidence s'impose pour moi. Ma guérison ne repose pas sur mes parents, mon conjoint ou mon travail. Les scènes de mon enfance qui tournent en boucle dans ma tête m'éloignent de ma vérité. J'ai été saisie par la douleur de la petite Lucie qui, pendant que je me perdais en reproches ou en attentes illusoires sur mes parents, restait seule, isolée et en manque d'amour. Oui, mes parents ont eu des comportements blessants à mon égard. Je n'ai pas senti leur amour mais une exigence insupportable. Je ne veux plus me comporter comme eux vis-à-vis de moi-même. »

Identifier la violence des comportements subis, s'indigner (être en colère pour soi et non contre l'autre), laisser chez l'autre la responsabilité de ses comportements, valider son ressenti enfantin sont autant d'étapes incontournables pour la guérison de ses blessures d'enfance.

### La nature de la guérison psychique

La guérison psychique n'est pas un fait, c'est un processus profond. Endosser la responsabilité du comportement de l'autre, c'est risquer de compromettre le travail de guérison. Jusqu'au XIe siècle, le sens premier du mot « guérir » était « défendre », « garantir », « protéger ».

Certains croient que guérir, c'est obtenir la reconnaissance, l'amour ou l'aide qui leur a fait défaut. Ils pensent que la guérison de leurs blessures est liée à autrui. Voici une idée révolutionnaire qui peut changer votre existence : la guérison n'a aucun rapport avec l'autre. Les véritables blessures ne se définissent pas par le comportement de l'autre ; elles sont uniquement l'appel du petit enfant triste et blessé en soi.

Guérir revient à sortir l'enfant exilé de l'ombre pour prendre sa défense sans contrôler, juger, étiqueter ou interpréter sa vérité intérieure. Votre enfant intérieur* vous apprendra qu'il n'est pas nécessaire de faire quelque chose pour être aimé. Il compte inconditionnellement sur vous et vous pardonnera vos errances dès lors que vous le reconnaîtrez. L'amour d'un parent sain ne dépend pas de ce que son enfant fait ou ne fait pas. Il souhaite que son enfant devienne qui il est profondément, en écoutant ses ressentis et en suivant ses désirs propres, ses besoins et ses rêves. Vous garantirez à votre être enfantin le droit d'exister et de vivre pleinement. Vous le protégerez en évitant les expériences douloureuses que vous subissiez par le passé. Vous serez fidèle à votre vérité intérieure et à l'enfant en vous.

De nombreuses peurs appartiennent au vécu enfantin. C'est le refoulement des émotions de l'enfant en soi qui, chez l'adulte, transforme la peur en paralysie. En accordant à votre enfant intérieur le droit d'avoir peur, vous légitimerez sa vérité et vous libérerez l'élan entravé. La peur est une contraction naturelle de la respiration, une rétraction de la vie face à la souffrance non reconnue et non validée. La vie blessée en soi est une souffrance digne de respect.



## La restitution de la violence

Des parties intérieures, chargées de fardeaux, utilisent la peur pour limiter l'expression véritable de l'individu. Pour se libérer de ses fardeaux et prendre sa responsabilité, il est parfois essentiel de restituer de manière symbolique la violence que l'on a engrangée enfant.

Sophie est une jeune femme de 25 ans. Elle est réticente à l'idée de dévoiler sa vérité intérieure à ses parents. Toute son enfance, elle a servi de tampon entre une mère qui menaçait de partir et un père alcoolique. C'est la peur que son père meure qui l'a conduite à consulter. Elle est souvent angoissée. Lorsqu'elle était enfant, ce dernier a fait plusieurs comas éthyliques. Sophie se souvient d'une scène particulièrement angoissante quand elle avait 12 ans. Son père saoul est entré dans sa chambre en lui assénant ces mots : « Je viens te dire au revoir. Je vais mettre fin à mes jours pour ne plus ennuyer personne. Tu n'y es pour rien. Je t'aime de tout mon cœur. » Enfant, Sophie faisait tout pour distraire et aimer son père. Elle cherchait à lui donner une raison de vivre.

Un jour, elle arrive furieuse à une séance de thérapie : « Je suis sidérée par l'inconscience de mon père. Il m'a vraiment mise en colère. Le week-end dernier, il était chez moi. Nous étions sur le canapé à discuter de choses et d'autres, et il m'a sorti cette phrase : "Au moins mon problème à l'alcool n'a fait souffrir personne. Heureusement, ça ne concerne que moi !" » Sophie était restée muette devant cette déclaration mais durant l'entretien, elle prend conscience que sa crainte encore vivace pour son père la muselle et lui gâche la vie. Sophie porte encore une responsabilité qui ne lui incombe pas. Elle reste attachée à son passé. Son fardeau est un ensemble de peurs (la peur de perdre son père, la peur de ne pas être assez aimante, etc.) et de croyances infantiles (le pouvoir de rendre son père heureux, le pouvoir de guérir son père, etc.).

Sophie prépare durant plusieurs mois une restitution de violence à son père sous la forme d'un courrier. Elle note ce que la petite Sophie a ressenti lors d'événements traumatisants et blessants. Elle exprime comment ces faits ont affecté sa vie, ses liens avec les autres et combien ils continuent d'abîmer aujourd'hui sa relation avec son père. Elle prend le parti de son enfant intérieur en révélant son vécu enfantin. Elle choisit de ne plus vivre avec la violence de l'alcoolisme qu'elle restitue à son père. Elle propose aussi d'envisager leur relation sur de nouvelles bases. N'ayant plus peur de perdre son père, elle s'engage enfin à ne plus accepter de paroles ou de comportements blessants. En s'autorisant à faire ce courrier, Sophie défend ses besoins et prend soin du petit enfant blessé en elle.

À l'issue de ce long processus, elle ne cherche ni à reprocher ni à obtenir quoi que ce soit. Au moment d'envoyer sa lettre, elle a peur. Cette confrontation est une première pour elle. Quinze jours après l'envoi, elle confie sa surprise : « Mon père m'a répondu. Je ne pensais pas qu'il le ferait. Il m'a simplement remerciée. Il m'écrit qu'il relit régulièrement ma lettre et qu'elle l'aide pour cheminer. »

La démarche de restitution peut paraître difficile et délicate mais c'est l'acte le plus adulte, le plus régénérant et le plus aimant qu'une personne puisse accomplir. Cela nécessite le plus souvent un accompagnement thérapeutique lucide. La confrontation avec un parent est une libération à condition qu'elle soit juste et en accord avec la vérité de l'enfant en soi. Il ne s'agit aucunement de décharger ses émotions de colère ou de haine, de reprocher, de vouloir punir, de chercher à détruire l'autre ou d'obtenir un résultat (la reconnaissance des faits, une demande de pardon, des excuses, etc.).

### Honorer la vie blessée

En n'assumant pas ses blessures et ses vraies émotions d'enfant, on continue à vivre sous le joug de ses peurs. On peut craindre de blesser l'autre en dévoilant sa vérité mais c'est seulement un prétexte pour ne pas changer. Alors pourquoi accepte-t-on de garder des liens toxiques plutôt que de se libérer ?

La souffrance est insupportable pour un enfant. Elle engendre un chaos intérieur indescriptible. La blessure se loge au plus profond de l'être. Le système psychique utilise des parties (pompiers ou managers, voir p. 61) pour emprisonner la vie blessée[2]. La blessure originelle est toujours moins douloureuse que de se trahir en passant à côté de sa vie.

Nous sommes convaincus que la peur est une occasion d'honorer sa vie blessée et de développer de la compassion pour le petit et le fragile en soi. Quand cette peur vous fait éprouver : « Je vais mourir, disparaître ou devenir un mort-vivant si je ne deviens pas qui je suis profondément », un déclic intérieur survient. On accepte de prendre sa vie en main. Ce sursaut est commun à toutes les personnes qui transforment leur existence. C'est un réveil spirituel qui permet d'honorer la vie blessée, c'est-à-dire de reconnaître ce qui a été blessant et d'accueillir ce qui est blessé. Ce réveil ouvre à une vie sereine parmi les autres, à une distance juste pour préserver sa vulnérabilité et sa fragilité.

## Pratique du jour : Éclairer sa relation avec son parent

**Phase 1.** Vous trouverez ci-dessous une série de phrases qui traduisent ce que vous pouvez ressentir aujourd'hui dans votre relation avec votre parent (père, mère ou les deux). Cochez simplement la case Oui ou Non.

| Ressentis dans ma relation d'aujourd'hui avec mon parent | Oui | Non |
|---|---|---|
| J'ai peur quand mon parent hausse le ton ou se met en colère. | | |
| J'ai peur de me mettre en colère contre mon parent. | | |
| J'ai peur quand je dois lui dire quelque chose qu'il ne voudrait pas entendre. | | |
| J'ai peur de perdre son amour. | | |
| J'ai peur quand je ne suis pas d'accord avec mon parent. | | |
| J'ai peur quand j'essaie de tenir tête à mon parent. | | |
| J'ai peur de ne pas être à la hauteur des ambitions de mon parent. | | |
| J'ai peur de décevoir mon parent. | | |
| J'ai peur de dire non. | | |
| J'ai peur d'avoir gâché la vie de mon parent. | | |
| J'ai peur d'être rejeté(e) si je dis certaines choses de moi. | | |
| J'ai peur d'être forcé(e), contraint(e) de faire ce que mon parent demande. | | |
| J'ai peur que mon parent n'apprécie pas mon compagnon ou ma compagne. | | |

| Ressentis dans ma relation d'aujourd'hui avec mon parent | Oui | Non |
|---|---|---|
| J'ai peur d'apprendre des secrets de famille. | | |
| J'ai peur de dévoiler un secret que mon parent m'a confié. | | |
| J'ai peur de ne pas suivre les conseils de mon parent. | | |
| J'ai peur de blesser ou de faire de la peine à mon parent. | | |

Si vous avez coché OUI à une ou plusieurs de ces phrases, des aspects de votre relation sont dysfonctionnels. Parfois, vous êtes encore un enfant adapté devant votre parent. Développez votre liberté pour aspirer pleinement à une vie qui vous ressemble. Prenez soin de vos blessures et de vos émotions légitimes d'enfant pour ne plus vivre sous les fardeaux du passé.

**Phase 2.** Voici quelques principes novateurs et vivifiants pour vous accompagner dans ce cheminement :

- Vos parents ne sont plus vos parents. Parent est une fonction nécessaire pour accompagner un enfant à grandir. Comme vous êtes adulte, vous n'avez plus besoin d'un parent extérieur.
- Vous n'êtes pas redevable de ce que vos parents ont fait de positif pour vous. L'amour n'est ni un devoir, ni une obligation. L'amour ne se rembourse pas. Votre simple présence d'enfant les a amplement comblés. Si cela n'a pas été le cas, ils en sont les seuls responsables.
- Vos parents ont créé une vie, la vôtre, dont vous êtes le seul dépositaire aujourd'hui. Que vous ayez de la gratitude ou pas, cela ne change rien. La seule question est : comment allez-vous embellir votre vie ?
- Vos parents ne sont ni responsables de votre malheur, ni de votre bonheur. Ils sont responsables de leurs comportements. Si ceux-ci n'ont pas été bienveillants à votre égard, exprimez votre indignation. Certains comportements sont coupables aux yeux de la loi. Ne cherchez pas à les excuser ou à les pardonner. Cela ne sert à rien. Votre enfant intérieur vous guidera vers de nouvelles relations plus saines et plus épanouissantes.
- Il est sain et salvateur de reconnaître les déficiences de vos parents, de s'indigner de leurs comportements blessants et de se libérer de la violence que vous avez subie. Cela ouvre la voie pour devenir un meilleur parent pour soi.

- Vous n'avez pas l'obligation d'avoir des relations avec vos parents. Les relations saines impliquent un échange libre d'adulte à adulte, à égalité, sans pression hiérarchique (parent/enfant, celui qui sait/celui qui ne sait pas, celui qui n'a que des droits/celui qui n'a que des devoirs, etc.).
- Choisir de pardonner à l'autre est une forme de déni de soi[3]. En croyant pardonner à l'autre, vous cultivez une illusion de toute-puissance infantile. Vous pensez posséder un pouvoir sur l'autre et sur ses comportements. De manière pernicieuse, vous déresponsabilisez l'autre, vous vous placez au-dessus de lui et vous abandonnez votre enfant intérieur apeuré en larmes.
- La réhabilitation de votre vécu enfantin vous apaisera. Vous pouvez lâcher les liens toxiques avec le passé et générer des relations bienveillantes avec autrui. La réhabilitation de son vécu permet de faire la paix avec soi et avec son histoire. L'idée de pardonner à l'autre perd alors tout son sens.
- Apprenez à vous pardonner à vous-même en acceptant votre imperfection, votre fragilité et votre vulnérabilité. Les fardeaux disparaissent lorsque l'on accueille le petit et le fragile en soi.

En intégrant ces principes, vous dépasserez la peur souterraine* la plus paralysante qui soit : la peur de vivre pleinement.

1. La colère, comme la paresse, l'orgueil, la gourmandise, la luxure, l'avarice et l'envie, est l'un des sept péchés capitaux identifiés par un moine dominicain du XIIIe siècle, Thomas d'Aquin. Le terme « capitaux » ne fait pas référence à leur gravité mais au fait qu'ils conduisent à d'autres péchés. Dans notre inconscient judéo-chrétien, la colère génère la peur d'aggraver les choses.
2. L'incroyable résilience de l'enfant est liée à sa capacité hors norme à surmonter les épreuves mais « des traumatismes précoces d'origine interpersonnelle peuvent prendre le dessus sur les facteurs de résilience génétiques, constitutionnels, sociaux ou psychologiques », citation de John Bradshaw, *Découvrir ses vraies valeurs*, *op. cit.* (p. 123).
3. Le pardon à l'autre est une notion religieuse. Elle peuple l'inconscient judéo-chrétien. Elle est remise en cause par les psychothérapeutes qui acceptent d'être des témoins lucides et bienveillants du vécu enfantin. De nombreuses études démontrent aujourd'hui sa nocivité tant psychologique que spirituelle. L'ouvrage de Sylvie Tenenbaum, *Pardonner – Tyrannie ou libération ?*, InterÉditions, 2008 est une des références sur le sujet.

# JOUR 20
## La peur fait le héros

### Devenir le héros de sa vie

*« Où serait le mérite, si les héros n'avaient jamais peur ? »*

**Alphonse Daudet**

#### La fonction du héros

L'historien américain Joseph Campbell, grand spécialiste de la mythologie, assure que le héros est fondamental pour la société et pour l'individu en véhiculant des pistes universelles d'émancipation et d'épanouissement[1]. Le héros est un archétype, une idée-force de l'inconscient collectif qui nourrit des strates profondes de la psyché. Dans les étapes de son voyage, le héros rencontre inévitablement la peur sous différentes formes : peur de l'inconnu, peur de la mort, peur de franchir une frontière irrévocable, peur de sa puissance, etc. Pour l'enfant, le héros aide à grandir. Pour l'adulte, le héros aide à s'accomplir.

Parmi les mythes modernes, la première trilogie *Star Wars* occupe une place majeure. Son créateur George Lucas s'est largement inspiré des travaux de Joseph Campbell. Dans le deuxième film de cette première trilogie *L'empire contre-attaque*, le héros Luke Skywalker découvre le maître Jedi Yoda sur la planète Dagobah[2].

Leurs dialogues métaphoriques comportent de nombreux enseignements sur la peur. Ils utilisent la Force comme métaphore de la vie, de l'élan vital et créatif en soi. Luke est le héros, celui que chacun peut incarner en traversant les épreuves de sa vie. Yoda est le pilote intérieur, le vrai Soi, qui inspire et guide. Le Jedi tire ses pouvoirs du savoir et de l'expérience que tout est interconnecté. Chacun a la capacité de se dépasser en changeant sa perception de la réalité et en adoptant une nouvelle position face à ses expériences. Les dialogues narrent l'enfermement dans la peur et la clé pour s'en libérer.



## Le cercle vicieux de l'enfermement

### Premier dialogue :

— Luke : « Le côté obscur est le plus fort ? »

— Yoda : « Non, plus rapide, plus facile, plus séduisant. »

— Luke : « Comment reconnaître le bon côté du mauvais ? »

— Yoda : « Tu le sauras quand tu seras calme, en paix, passif. Un Jedi utilise la force pour la connaissance et la défense, pas pour l'attaque. »

**Premier enfermement :** on se sent prisonnier de ses peurs sans en percevoir le côté obscur. Ce côté obscur n'est ni l'empêchement, ni la paralysie. Bien qu'elle puisse être inconfortable, la peur excessive maintient un *statu quo*. La « force obscure » de la peur réside dans cette tromperie.

Je crois en ma peur pour m'éviter l'inconfort de ma vérité intérieure.

Le symptôme détourne l'attention. Il est plus facile de croire en sa peur que de l'affronter. La clé est de descendre en soi, d'atteindre cet espace serein au cœur de son être. « Ainsi, juste sera l'action », dirait Yoda.

### Deuxième dialogue :

— Luke : « Quel est cet endroit. Je suis glacé… la mort. »

— Yoda : « Cet endroit est envahi par le côté obscur de la force. […] Y entrer, tu dois. »

— Luke : « Qu'y a-t-il là-dedans ? »

— Yoda : « Ce que tu y apporteras. Tes armes, tu n'en auras pas besoin. »

Luke pénètre à l'intérieur et fait face à sa pire crainte, Dark Vador. Il le terrasse avec son sabre-laser. La tête coupée de son ennemi révèle son propre visage. Il ignore encore que Dark Vador est son père.

**Deuxième enfermement :** affronter sa peur mène à soi. Le risque est de se combattre soi-même. Les peurs les plus sombres cachent un pan entier du ressenti enfantin. Dark Vador représente un être moitié homme, moitié machine. Il est le bureaucrate zélé d'un système totalitaire. Il ne vit pas selon ses besoins personnels mais selon des normes déshumanisantes. Il symbolise une pulsion destructrice.

Je veux détruire des parties en moi. Je veux éradiquer mes peurs.

Il ne sert à rien de vouloir anéantir les aspects sombres et figés de son système intérieur. C'est impossible. On risque seulement de les renforcer. La clé est de cultiver un positionnement paisible, d'être à l'écoute d'autres parties en soi. C'est un cheminement de la guerre en soi à la coexistence avec soi.

**Troisième dialogue :**

Luke tente de sortir son vaisseau spatial des marécages en appelant la Force.

— Luke : « […] Non je ne pourrai pas le récupérer. »

— Yoda : « Quelle certitude as-tu ? Avec toi, rien n'est jamais possible, n'écoutes-tu pas ce que je te dis ? »

— Luke : « Faire bouger des pierres, c'est une chose mais ça, c'est totalement différent. »

— Yoda : « Non, pas différent. Seulement dans ton esprit. Tu dois désapprendre tout ce que tu as appris. […] »

— Luke : « Tu veux l'impossible. Je n'arrive pas à y croire. »

— Yoda : « Voilà pourquoi tu échoues. »

**Troisième enfermement :** les seules limites à repousser sont intérieures. La Force réside dans la libération de son énergie de vie, dans le contact avec une instance supérieure en soi. Sous le joug de la peur, on ignore sa grandeur et sa puissance. C'est l'oubli de sa nature spirituelle. Je suis l'aiglon élevé au milieu des poulets qui, au terme de sa vie, meurt persuadé d'avoir été toute sa vie un gallinacé.

J'oublie ma nature spirituelle.

Cercle vicieux de l'enfermement :
Les enfermements dans l'expérience de la peur

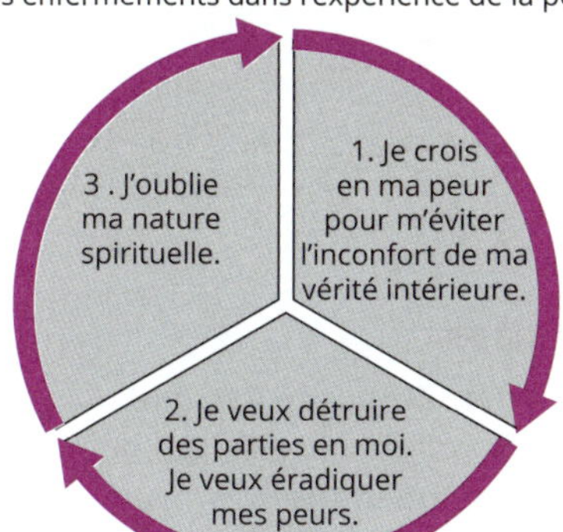

### La voie du héros

Comme dans tout contenu inconscient, l'image du héros porte un aspect lumineux et un aspect ténébreux. Souvenez-vous que la peur est systémique. Elle s'insère dans un ensemble de parties psychiques souvent en lutte. La personnalité est le résultat de cette compétition. Le Moi conscient et son *je* usuel, qui se définit comme un, agit en écartant des sous-personnalités qui n'ont pas le droit à la parole. On peut comparer ce fonctionnement à un état dictatorial, comme l'est celui de *L'Empire contre-attaque*. Dans ce cas, le vrai Soi est retranché, réfugié et difficilement accessible comme l'est le Maître Yoda sur la planète Dagobah, un monde végétal isolé. C'est là que Luke Skywalker va trouver celui qu'il cherche, son guide spirituel. La dynamique du héros s'appuie sur la coopération et non sur la compétition. Luke est assisté dans sa quête par la princesse Leia, le contrebandier Yan Solo, Chewbacca et ses fidèles robots. Ses compagnons représentent des éléments disparates qui finiront par fonder une force unie contre l'oppression.

Anakin Skywalker, le père de Luke, devenu Dark Vador, fut lui-même un héros mais il a emprunté une voie sans issue, celle du pouvoir sur les autres. Pour s'accomplir dans la vie, il est essentiel de cheminer en soi. Jung affirme : « La seule aventure acceptable pour l'homme de notre époque est à l'intérieur de lui-même. » Cette voie mène à la découverte de son pilote intérieur et à la coopération avec sa multiplicité psychique. Certains refusent cette voie du héros et préfèrent s'appuyer sur des valeurs de pouvoir, de séparation et de lutte.

## Repousser les frontières du moi

*« La folie est de se comporter toujours de la même manière et de s'attendre à des résultats différents. »*

**Albert Einstein**

### Les clés pour se libérer de la peur

C'est la peur qui fait le héros. Pour se détacher de votre peur, regardez-la droit dans les yeux et détachez-vous de son objet. La peur-objet devient mortifiante et paralysante quand je suis hypnotisé par ses symptômes.

La peur de… est le fruit de ma pensée attachée au passé et préoccupée par l'avenir.

La peur saine est une émotion de base sans objet. Elle incite au mouvement vers l'intérieur, à la découverte de ses désirs, ses besoins et ses élans de vie. Il est vital d'acquérir les clés pour se libérer de l'objet d'une peur. Ces clés sont des méta-positions[3], c'est-à-dire des positionnements qui conduisent à :

- se dissocier : je ne suis pas l'émotion de peur.
- se détacher : je regarde ce qui se joue pour une partie de moi.
- se distancier des expériences de peur : je suis présent(e) ici et maintenant. Mon passé n'est plus derrière moi et mon futur n'est plus devant moi.

Chaque fois que l'on adopte une méta-position, on s'inscrit dans la vivance*. Les tensions s'apaisent ; la peur, l'anxiété et les crises d'angoisse diminuent. Le rituel psychocorporel, présenté le premier jour, cultive la méta-position.

Quelles sont les clés pour se libérer de la peur-objet ?

**Première clé :** La peur renvoie chacun à sa fragilité d'être humain. Quand l'objet de la peur est fantasmatique, c'est le signe d'une stratégie psychique. Une vérité, le ressenti de l'enfant exilé en soi tente d'émerger à la conscience mais la peur fait barrage.

Je lâche prise et j'entre en moi avec courage.

**Deuxième clé :** La peur est un appel. Des sous-personnalités intérieures s'expriment et demandent de l'attention. Il n'y a pas de jugement à émettre sur ces parties. Elles ont leur histoire, leur propre volonté et leurs motivations. On peut être serein alors que des aspects en soi sont en colère, effrayés ou en souffrance.

J'accueille les parties qui s'expriment en moi sans jugement.

Ce qui demeure tapi dans l'ombre finit par prendre le pouvoir. Accueillir ses parties intérieures est un appel à la douceur et à la force, à la compassion et à la non-complaisance pour que la lumière traverse les ténèbres intérieures.

**Troisième clé :** Dans la scène du troisième dialogue de *L'Empire contre-attaque*, Luke ne parvenant pas à sortir son vaisseau des marécages, son maître Yoda le fait à sa place. La question n'est pas de savoir ce qui est possible ou pas mais de se définir autrement pour accéder à sa propre puissance. L'Homme est un être de nature spirituelle qui fait l'expérience d'une incarnation matérielle. La vie matérielle interroge chacun sur les limites de ses perceptions, représentations, motivations, choix et décisions.

Je repousse régulièrement les limites qui me définissent.

Tout un chacun peut se rapprocher de son centre, de son pilote intérieur et aborder les expériences inédites avec un regard neuf.

Cercle vertueux de la libération :
Les méta-positions pour libérer ma vitalité

## Écouter son pilote intérieur

La peur est une calamité si le Moi s'en empare et s'y associe ; elle devient un précieux instrument si le Moi l'utilise pour laisser le vrai Soi inspirer et guider ses choix. Le héros est le champion du Soi. Le moi-héros choisit l'aventure intérieure. Ses actes et ses concrétisations matérielles sont fidèles à ses expériences intérieures. Il élargit sa conscience de lui-même et de la vie en prenant le temps de s'écouter. Le vrai héros incarne qui il est, un Moi authentique inspiré par son essence spirituelle, son Soi.

Le Soi* est immuable, impérissable et impalpable. Il est l'essence spirituelle au-delà de toute atteinte extérieure. C'est un état de conscience particulier où l'esprit est libre, vif et paisible. C'est la manifestation de ce qu'il y a de plus profond, de plus vivant, de plus créatif et de plus aimant en soi. Pour rencontrer le Soi, il est indispensable de lâcher le mental, celui qui croit savoir, planifie et contrôle. « Ne demande pas ton chemin à quelqu'un qui le connaît, tu ne pourrais pas t'égarer », enseignait Rabbin Nahman. Le contact avec le Soi requiert du silence et de l'abandon. Le faux-moi* (la personnalité adaptée, associée à des rôles, croyances et valeurs figés) ne l'accepte pas. Le vrai Moi (le héros qui garde l'enfant à ses côtés) s'engage dans la redécouverte de ce qui semble inconnu.

Le véritable héros ne fuit pas la peur ; il la canalise pour agir. La peur fait le héros car elle questionne : « Qui est celui qui agit ? » Est-ce le Moi inquiet, effrayé et dominé par le poids du temps passé et futur ou est-ce un Moi ouvert, bienveillant et confiant qui apprend à orchestrer sa multiplicité psychique au service de son essence ? C'est une question centrale dans toute existence. Grâce aux méta-positions, vous découvrirez les réponses. Elles ne seront ni simples, ni binaires. En les écoutant, vous parviendrez à entendre la voix de votre pilote intérieur pour naviguer et vivre pleinement.

## Pratique du jour : Créer ses affirmations positives

Pour le vingtième jour, nous vous encourageons à cultiver des méta-positions en créant des affirmations positives.

La pratique des affirmations positives est souvent négligée alors que leurs effets sont des plus bénéfiques. 90 % des peurs sont sans fondement mais elles nourrissent une atmosphère psychique pessimiste. Broyer du noir ne rend pas heureux. Les affirmations positives sont un outil pour modifier ses perceptions et ses représentations.

Leurs utilisations sont anciennes. On les retrouve dans la pratique du Yoga Nidra qui, bien que formalisée par Swami Satyananda dans les années 1950, est une synthèse de rituels indiens ancestraux. On les appelle des *Sankalpa*, des intentions positives proposées à l'esprit.

Une affirmation positive ouvre une porte sur le subconscient pour conduire au changement. Elle est plus puissante lorsqu'elle est énoncée à voix haute, le matin ou le soir, dans un état de relaxation physique. Vous pouvez aussi les recopier 21 fois sur une feuille.

Voici quelques règles pour créer vos propres affirmations :

- Recourez à une formulation positive, sans négation et sans connotation perfectionniste. Évitez les termes du genre « totalement », « parfaitement », « complètement »...
- Utilisez le « je » et le présent de l'indicatif.
- Décrivez une action ou un état atteignable et dépendant de vous.
- Enfin choisissez une formulation ouverte à la nouveauté, au progrès et à l'inconnu.

Le travail sur les affirmations positives s'inscrit dans la durée. Vous vivrez sans doute une phase de résistance aux nouvelles pensées. C'est tout à fait naturel. Vous pourrez aussi ne pas ressentir tout de suite les bienfaits de cette pratique. Vos sensations corporelles et émotionnelles seront encourageantes ou pas. Ne vous attachez pas trop à tout cela. L'action des affirmations est en grande partie souterraine. Un jour, vous constaterez simplement qu'elles sont devenues naturelles et qu'elles traduisent votre nouvelle façon de vous définir et d'envisager votre vie.

À titre d'exemple, voici quelques propositions :

- J'écoute les parties qui se cachent derrière mes peurs.
- J'accueille mon enfant intérieur* avec respect et bienveillance.
- Chaque jour, j'apprécie mes progrès et je m'aime de plus en plus.
- Je lâche prise et je fais confiance en la vie.
- Je choisis mes relations et je partage la joie d'être moi-même.
- Je suis libre d'être qui je suis et j'enrichis ma vie de nouvelles expériences.
- J'écoute mon monde intérieur pour agir avec justesse.

---

1. Le livre de référence de Joseph Campbell est, *Le héros aux mille et un visages*, Oxus, 2010.
2. Les Jedi sont des personnages de fiction de la saga *Star Wars* imaginés par George Lucas. Ce sont des guerriers philosophes œuvrant pour le maintien de la paix. Ils sont dotés de pouvoirs surnaturels qu'ils tirent de la Force. La Force est un champ d'énergie s'appliquant à tous les êtres vivants dans l'univers de *Star Wars*. Elle donne des capacités hors du commun à certains.
3. Ce terme est emprunté à la PNL, Programmation Neuro-Linguistique.

# JOUR 21
## Vivre pleinement, être plein de Soi

## La peur de vivre pleinement

*« La grandeur réside en nous et en chacun de nous. »*

**Abraham Maslow**

### La vie est souffrance

La première vérité du Bouddha « Tout est souffrance » est difficile à accepter pour grand nombre de personnes. Aujourd'hui, les sociétés occidentales font rimer bonheur avec absence de souffrance et de frustration. Tant que cette perception illusoire n'est pas abandonnée, la peur demeure une source de mal-être.

L'acceptation de la souffrance inhérente à l'existence se vit dans la compassion pour la vie blessée en soi. La peur-alliée est essentielle sur le chemin de l'accomplissement. Elle invite chacun à regarder en lui pour guider ses pas : « Ouvrez votre œil intérieur et observez-vous. Ne cherchez plus une lampe extérieure pour vous éclairer de l'intérieur, mais allumez votre propre lumière intérieure[1]. »

Celui qui espère trouver des réponses à l'extérieur souffre inutilement. Ses craintes sont proportionnelles à ses attentes. Il souffre déjà de ce qu'il craint. Cette vaine recherche extérieure génère deux peurs fort répandues : la peur de l'échec et la peur de la réussite.

### La peur de l'échec

Le président américain Lincoln affirmait : « Ce que je veux savoir avant tout, ce n'est pas si vous avez échoué, mais si vous avez su accepter votre échec. » Beaucoup ne peuvent pas s'engager dans une action sans évaluer en long et en large les risques d'échec. C'est le meilleur moyen de confirmer la croyance que l'échec est inévitable.

On peut se contraindre longtemps à vivre en deçà de ses possibilités et ne jamais découvrir que chaque échec est une réussite déguisée. Il suffit de regarder ce que l'on reçoit et non ce que l'on n'obtient pas. En éclairant la peur de l'échec, la vie devient plus sereine. Je peux expérimenter et intégrer que le meilleur m'attend toujours… même si je ne sais pas toujours ce qu'est le meilleur pour moi !

### La peur de la réussite

Elle est liée à une injonction intérieure qui clame : « Ne réussis pas ! » La véritable réussite est l'accomplissement de ce qui est source de vivance* en soi. Elle échappe à la conformité que les autres tenteront de vous imposer : « Si tu réussis, ce ne sera pas aussi bien qu'avant », « Tu n'es plus le même », « Je n'aime pas la personne que tu es en train de devenir », « Tu es devenu différent, distant », etc. Les grincheux n'aiment pas les gens heureux. Préparez-vous. En réussissant à vaincre vos peurs, vous allez en déranger certains : « Mais tu es sûr que tu vas mieux ? », « Méfie-toi, tes peurs peuvent revenir », « Il vaut mieux attendre avant de t'emballer ». Ces petites phrases vivent aussi en vous. Elles sont les reflets de vos anciennes conceptions. Soyez attentif et ne laissez quiconque vous définir en entravant et en remettant en cause votre puissance sur vous-même.

Certains préfèrent se limiter pour ne pas faire d'ombre aux autres et pour ne pas sortir du rang. Ils conservent en eux un niveau « convenable » de malheur souvent conforme à l'ambiance familiale de leur enfance. La peur de l'échec et la peur de la réussite sont intimement liées.

La réussite peut aussi à juste titre faire peur. Si réussir signifie, par exemple, être connu, avoir de l'argent, être notaire, etc., et que cela n'est pas en adéquation avec votre être, alors une partie de vous ne voudra pas réussir. Cette réussite est extérieure et ne peut pas être source de vivance*.

## La peur de se trahir

*Témoignage de Marie-France*

« **Il y a quelques années, j'ai accepté le tournage d'une célèbre émission pour une grande chaîne de télévision dans un de mes stages de théâtre (à l'époque, j'animais des ateliers d'improvisation théâtrale en plus de mon activité de psychopraticienne). La proposition semblait très intéressante avec une diffusion du documentaire et une interview en *prime time*. Dès la première heure, j'ai senti que quelque chose clochait. Rien ne se déroulait comme prévu. J'ai vite compris que le but de la production n'était pas bienveillant. Je décidai de réunir une petite cellule de crise dans les toilettes (le seul endroit où mon micro ne fonctionnait pas !) et invitai mes stagiaires à la vigilance. Au terme du tournage, le réalisateur me convoqua, visiblement énervé. Il désirait que je rectifie certains de mes propos qui n'allaient pas dans le sens de ce que la production cherchait à obtenir. Je refusai. Il me reprocha de vouloir contrôler mon image. Je lui répondis spontanément : « Je n'ai pas l'intention de déformer ce en quoi je crois et ce que je défends. » Il était stupéfait de ma réponse. Convaincu qu'il m'offrait un pont en or vers le succès, il attendait que je me soumette à ses desiderata. La diffusion du reportage fut annulée. J'en fus très heureuse. Je n'étais pas prête à me trahir et à m'offrir en pâture aux médias pour un soi-disant succès. Réussir ne doit pas rimer avec se trahir. La peur de se trahir est une saine protection de son intégrité. Elle est la garante de la véritable réussite.** »

## Apprivoiser ses peurs

Vivre pleinement est une expérience quotidienne. C'est être à l'écoute de ce qu'il y a de plus vivant, de plus créatif, de plus joyeux et de plus aimant en soi. N'oubliez pas que l'alchimie de l'adulte qui tient son enfant intérieur par la main est une clé pour s'accomplir pleinement. Ramana Maharshi affirmait : « Se concentrer sur le cœur revient à se concentrer sur le Soi. Le cœur est un autre nom du Soi[2]. »

Avec ce livre, vous avez cheminé 21 jours pour apprivoiser vos peurs. Avec de l'entraînement, vous aboutirez naturellement à une vie plus riche et plus profonde. Vous n'aurez plus peur d'avoir peur car cette émotion vous conduira à une aventure intérieure incroyable, un voyage dont vous ramènerez le courage et la joie d'être un peu plus vous-même.

Voici une synthèse des 21 étapes explorées :

1. Voir au-delà du symptôme.
2. Être à l'écoute de son corps et respirer.

3. Dépasser ses limites.
4. S'émanciper de la vision linéaire du temps.
5. Éclairer son identité fictive.
6. Identifier les parties de son système intérieur.
7. Retrouver ses peurs d'enfant.
8. Éclairer ce qui se cache dans l'ombre.
9. Découvrir la vérité de son enfant intérieur.
10. Refuser toute forme de violence au sein des relations.
11. Devenir un bon parent pour soi.
12. Vivre en bonne intelligence avec les autres.
13. Rester en contact avec sa fragilité, sa vulnérabilité.
14. Accepter de changer régulièrement ses perceptions sur soi-même et sur la vie.
15. Être une personne vivante (et non une image figée).
16. Se donner de nouvelles autorisations.
17. Écouter ses désirs, ses besoins et ses rêves.
18. Se mettre à la première place.
19. Accueillir la vie blessée en soi.
20. Se positionner comme le héros de sa vie.
21. Vivre pleinement.

## Comment vivre pleinement

*« Le processus du bien vivre, c'est de se lancer pleinement dans le courant de la vie. »*

**Carl Rogers**

### Être un bon chef d'orchestre

Une grande partie de l'élan vital et créatif* est emprisonnée au cœur de l'être. Sa libération mène à l'accomplissement de soi, au sentiment d'avoir une existence fertile.

Les travaux de Richard C. Schwartz offrent un nouveau regard sur la psychothérapie en démontrant que l'on peut libérer ses parties intérieures de leurs fardeaux pesants. Son image du chef d'orchestre illustre l'attitude bienveillante et compatissante du Moi véritable : « Un bon chef d'orchestre est conscient de la valeur de chaque famille d'instruments et des talents de chaque musicien. Il a une telle connaissance de la musique qu'il sait, à propos, mettre en avant certains groupes d'instruments au détriment d'autres. En fait, il est important que les musiciens sachent moduler l'intensité de leurs jeux individuels au profit de l'ensemble. Même si chacun d'entre eux a à cœur d'être entendu, veut prouver son talent et mettre en avant le groupe d'instruments dont il fait partie, il sait qu'il doit s'en remettre aux instructions et aux décisions du chef d'orchestre. »[3]

On ne devient pas un bon chef d'orchestre du jour au lendemain. Parfois la symphonie que l'on dirige est cacophonique. Plus on est en contact avec son enfant intérieur, plus on cultive la compassion, la confiance et la vision pour mener une vie intérieure et extérieure harmonieuse et riche. On incarne un Moi véritable en capacité d'accueillir sa multiplicité psychique et d'être au service de son essence, le Soi.

### Se reparenter quotidiennement

L'enfant en soi est éternel. Il est le Grand qui inspire chaque pas et le Petit qui se languit d'amour. Un poème résume à merveille la nécessité d'être chaque jour un bon parent pour soi et d'accueillir la vie blessée en soi :

« Qui pleurera pour l'enfant
Perdu et complètement seul
Qui pleurera pour l'enfant
Abandonné loin des siens
Qui pleurera pour l'enfant
Qui sanglotait pour s'endormir
Qui pleurera pour l'enfant
Qui n'a jamais rien possédé
Qui pleurera pour l'enfant
Qui a marché sur le sable brûlant
Qui pleurera pour l'enfant
L'enfant à l'intérieur de l'homme
Qui pleurera pour l'enfant
Qui connaît la souffrance et la peine
Qui pleurera pour l'enfant
Déjà cent fois et cent fois mort

Qui pleurera pour l'enfant
Qui a tant essayé d'être un bon garçon
Qui pleurera pour l'enfant
Qui pleure au fond de moi
Qui pleurera pour l'enfant ?
Je le ferai[4]. »

## Être présent, ici et maintenant

Nous avons déjà abordé l'impact de la représentation du temps sur les peurs. En vivant le long d'un axe passé-présent-futur, chacun a une perception déformée de lui-même. Le passé semble révolu mais demeure irrémédiablement encombrant et le futur inconnu est plus ou moins angoissant. Ce conditionnement imposé par une vision linéaire du temps restreint l'accès à de nombreuses ressources.

Selon le physicien Philippe Guillemant[5], chercheur au CNRS, le futur est déjà réalisé mais de manière incomplète et multiple. Chacun peut donc accéder aux informations sur son futur et exercer son libre-arbitre pour le construire. Ces recherches suggèrent un nouveau paradigme (une nouvelle représentation du monde) : le temps ne provient que de soi. Il n'est pas absolu et varie selon l'observateur (soi-même). Plus vous ralentissez votre vie, plus vous avez de temps. L'accès aux informations du passé et du futur n'a aucun rapport avec ce que l'on vit ou avec le temps dont on croit disposer. Les informations vivent dans le Soi. Le silence, la contemplation, la méditation, la respiration, le rêve éveillé, etc. sont autant d'approches qui permettent de s'ouvrir à ses informations de vie.

La perception classique du temps est celle d'un contenant limité dans lequel on tente de faire entrer quantité d'expériences. Si ce contenant n'est plus réduit, chacun a tout le temps nécessaire pour s'accomplir sereinement. On dépense ainsi moins de force et d'énergie à vouloir et à lutter. Si l'on entrevoit autrement le temps, on peut envisager le déploiement de son potentiel dans le calme et la sérénité. Krishnamurti enseignait : « Mourez à la durée ; mourez à la conception totale du temps : au passé, au présent et au futur. Ce temps n'a aucune réalité. »

Dans notre expérience professionnelle et personnelle, nous expérimentons régulièrement la distorsion du temps et de l'espace. Nos informations intérieures pleines de vivance* nourrissent nos projets. Nous ne cherchons pas à obtenir quelque chose ; nous suivons le courant de la vie. Des opportunités viennent répondre à ce que nous chérissons et cultivons intérieurement avec patience et bienveillance. Certains y voient une chance insolente, d'autres quelques hasards surprenants. Chacun peut être présent, ici et maintenant, et accéder à tout ce dont il a besoin en s'émancipant de ses perceptions et de ses représentations limitées.

Mon être accompli existe déjà, j'ai juste à le faire exister.

La peur est la maîtresse du temps. L'une ne va pas sans l'autre. En apprenant à ne plus avoir peur de ses peurs, on se libère de certaines contraintes temporelles et spatiales. Chaque étape de vie, qu'elle soit heureuse ou non, est une possible régénération, une occasion nouvelle d'observer différemment le monde et de s'incarner avec plus de joie et de présence.

## Vivre, c'est jouer !

Donald W. Winnicott, célèbre pédiatre et psychanalyste anglais, révélait : « C'est sur la base du jeu que s'édifie toute l'existence expérientielle de l'homme[6]. » Vivre, c'est jouer. L'enfant se construit en jouant. L'adulte oublie que c'est en jouant qu'il est créatif et exprime les caractéristiques de son Moi authentique. La vie est un jeu sérieux qu'il convient d'aborder sans se prendre au sérieux.

Un jeu est une représentation, une mise en forme et en mouvement pour apprendre et créer en s'amusant. Les élans vitaux et créatifs sont la trame de ce jeu qu'on appelle la vie. Vivre, c'est jouer en manifestant ses élans souterrains en germes au cœur du Soi*.

Erich Fromm constatait : « La vie a une dynamique interne qui lui est propre ; elle tend à croître, à s'exprimer, à être vécue. » Cette dynamique encourage l'expérience d'une vie pleine et intense. La vie, comme le jeu, a ses règles. Celles-ci balisent le chemin vers le bonheur. Trois règles d'or sont à respecter :

1. Donner la priorité à son épanouissement personnel en découvrant son monde intérieur (dont le cœur est l'enfant en soi) et en recherchant l'expérience du Soi (compassion, sérénité et intemporalité).

J'ARRÊTE D'AVOIR PEUR !

2. Se vouer à des activités stimulant ses qualités et ses compétences et offrant l'opportunité de se consacrer à quelque chose de plus grand que soi.
3. Développer des relations sociales et un lien au monde empreints de respect, de responsabilité et d'ouverture.

Les êtres qui obéissent à ces règles ont le sentiment de vivre une existence précieuse et heureuse, même en traversant des expériences difficiles. Ils connaissent des instants de grâce et d'extase[7]. Ils jouent leur partition et orchestrent leur vie en visant le meilleur pour eux et pour tous les êtres vivants.

La peur est une fille de la vie. Si vous jouez avec vos peurs, vous en saurez bien davantage sur vous, sur votre puissance, sur votre être spirituel et sur la vie elle-même.

---

1. Propos de Rimpoché Chogyal Namkhai Norbu, extrait du livre, *Les Trésors vivants du bouddhisme*, Oikumene Traditions S.C., 2003 (p. 49).
2. *Ainsi parlait Ramana Maharshi*, *op.cit.*
3. Richard C. Schwartz, *Système familial intérieur, op.cit.* (p. 49).
4. Extrait du film américain, *Antwone Fisher*, réalisé par Denzel Washington en 2002.
5. Philippe Guillemant, *La Route du Temps – Théorie de la double causalité*, Temps Présent, 2010.
6. D.W. Winnicott, *Jeu et Réalité*, Gallimard, 1975 (p. 126).
7. Le psychologue américain Mihály Csíkszentmihályi a élaboré, dans les années soixante-dix, le concept de *flow*, un état d'extase où, dans une activité qui mobilise pleinement ses compétences, un individu se transcende lui-même. Il est impliqué, concentré, absorbé, en dehors du temps. Il sait ce qu'il a à accomplir et, en retour, il reçoit immédiatement l'information sur la manière de faire les choses. Voir son ouvrage, *Vivre – La psychologie du bonheur*, Robert Laffont, 2004.

# Épilogue

*« Le Moi finit par déposer les armes aux pieds du Soi, non pas parce qu'il n'a plus les moyens de faire valoir sa volonté, au contraire, mais parce qu'il reconnaît là, dans ce service du Soi, la source de son bonheur. »*

**Carl Gustav Jung**

J'arrête d'avoir peur
Ma peur n'est enfin plus ce champ de bataille
Ce verrou ancien, ces symptômes en pagaille,
C'est l'apprentissage des retrouvailles, un chemin,
Le chemin vers mes ressources pour demain

J'arrête d'avoir peur
Ma peur n'est enfin plus ce champ de bataille
Cette compagne à l'imagination débridée
C'est l'alliée de toutes mes audaces, un plaidoyer,
Le plaidoyer du doux soin pour mes tristes entailles

J'arrête d'avoir peur
Ma peur n'est enfin plus ce champ de bataille
Cette peur objet de si nombreuses illusions
C'est l'alliance avec l'enfant, une ascension,
L'ascension de tous les possibles sans grisaille

J'arrête d'avoir peur
Ma peur n'est enfin plus ce champ de bataille
Cette peur maîtresse de mon temps et de ma vie
C'est l'échappée dont je suis l'artisan, si,
Si je repousse les limites qui m'assaillent

J'arrête d'avoir peur
Je vis sans leurre
Je vis,
Ris.

# LEXIQUE des notions-clés

**Élan vital et créatif :** Énergie de vie fondamentale en chacun dans sa dimension physiologique et psychique. Toutes les manifestations vitales et créatrices traduisent la vivance.

**Enfant adapté :** Masque qui dissimule l'enfant intérieur. Il concentre toutes les stratégies de survie et d'adaptation mises en place dès le plus jeune âge.

**Enfant intérieur :** L'enfant intérieur symbolise les besoins fondamentaux et les pouvoirs créatifs de l'être humain. Il représente le Moi véritable et authentique dans son expression naturelle (enfant créatif) et entravée (enfant blessé).

**Faux-moi :** Identité fictive, partie la plus inauthentique de la personnalité dominée secrètement par l'enfant adapté.

**Futurisation :** Transe hypnotique où l'on transfère le passé sur le futur en imaginant le pire ou un meilleur irréaliste et idéalisé.

**Parties ou sous-personnalités :** Individualités intérieures qui possèdent leur propre autonomie et volonté. Elles sont souvent figées sous le poids de fardeaux anciens (émotions, sentiments, rôles, croyances et comportements rigides).

**Peur souterraine :** Peur qui limite la vitalité et la liberté d'un individu et dont les racines ne sont pas éclairées.

**Régression :** Transe hypnotique où l'on redevient comme un enfant face à une autre personne ou dans une situation particulière.

**Reparentage :** Apprentissage pour devenir son propre parent en prenant soin de son enfant intérieur. Le bon parent en soi est aimant, bienveillant, protecteur et structurant.

**Soi (ou pilote intérieur) :** À la fois, la totalité psychique (consciente et inconsciente) et le cœur spirituel de chacun, le centre au-delà de toute atteinte extérieure.

**Transes hypnotiques :** Situations où l'adulte est hypnotisé par son passé, perd subtilement la conscience de la réalité et rejoue les scénarios dysfonctionnels de son enfance. Il n'est plus présent, ici et maintenant.

**Vivance :** Dynamisation du potentiel de vie. Elle se cultive dans la conscience, la sensation et la joie de la vie qui circule en soi.

# INDEX des peurs

## S



## T

# Bibliographie

André Christophe, *Psychologie de la peur*, Odile Jacob, 2004

Ballet de Coquereaumont Marie-France et Emmanuel, *S'ouvrir à son cœur d'enfant*, Seuil, 2005

Ballet de Coquereaumont Marie-France et Emmanuel, *Réveillez vos ressources intérieures*, Albin Michel, 2009

Bradshaw John, *S'affranchir de la honte*, Les Éditions de l'Homme, 2004

Bradshaw John, *Retrouver l'enfant en soi*, Les Éditions de l'Homme, 2004

Bradshaw John, *Découvrir ses vraies valeurs*, Les Éditions de l'Homme, 2009

Campbell Joseph, *Puissance du mythe*, Oxus, 2009

Campbell Joseph, *Le Héros aux mille et un visages*, Oxus, 2010

Capacchione Lucia, *Faites vivre votre enfant intérieur – Jeu, dialogue et art-thérapie*, Le Souffle d'or, 1994

Cervantès Miguel de, *L'Ingénieux Hidalgo Don Quichotte de la Manche*, Diane de Selliers Éditeur, 2012

Cyrulnik Boris, Bustany Pierre, Oughourlian Jean-Michel, André Christophe, Janssen Thierry, *Votre cerveau n'a pas fini de vous étonner*, Albin Michel, 2012

Damasio, Antonio, *L'autre moi-même*, Odile Jacob, 2010

Firman John, Russel Ann, *Opening to the Inner Child – Recovering Authentic Personality*, Monographs from The Synthesis Center of Palo Alto, www.synthesiscenter.org

Forward Susan, *Parents toxiques – Comment échapper à leur emprise*, Poche Marabout Psy, 2000

Garber Robyn Spizman Stephen et Marianne, *Les peurs de votre enfant – Comment l'aider à les vaincre*, Odile Jacob, 1997

Giacobbe Giulio Cesare, *A la recherche des câlins perdus*, Le Livre de Poche, Albin Michel, 2005

Hendricks Gay, *Le Grand Bond – Surmontez vos peurs cachées et apportez une nouvelle dimension à votre vie*, ADA Éditions, 2010

Jeanclaude Christian, *Les ombres de l'angoisse – La peur d'être vivant*, Collection Oxalis, De Boeck, 2004

Jung Carl G., *Le Livre rouge – Liber novus*, L'Iconoclaste/La Compagnie du livre rouge, 2011

Jung Carl G., Kerényi Charles, *Introduction à l'essence de la mythologie*, Éditions Payot et Rivages, 2001

Krenger Guy, *Le Mythe de l'unité*, E.M.E. & InterCommunications, 2011

Krishnamurti Jiddu, *L'Éveil de l'intelligence*, Stock, 2011

Krishnamurti Jiddu, *Se libérer du connu*, Stock, 2012

*Le Bébé et ses Peurs*, Collectif, Erès, 2000

*Le livre des symboles – Réflexions sur les images archétypales*, The Archive for Research in Archetypal Symbolism, Taschen, 2011

Maharshi Ramana, *L'Enseignement de Ramana Maharshi*, Albin Michel, 2005

Maharshi Ramana, *Ainsi parlait Ramana Maharshi*, InnerQuest, 2006

Maslow Abraham, *Devenir le meilleur de soi-même*, Eyrolles, 2008

Mello Anthony (de), *Appel à l'amour*, Albin Michel, 2005

Mello Anthony (de), *Quand la conscience s'éveille*, Albin Michel, 2012

Miller Alice, *C'est pour ton bien*, Aubier, 1984

Miller Alice, *Notre corps ne ment jamais*, Flammarion, 2005

Miller Alice, *Ta vie sauvée enfin*, Flammarion, 2008

Monbourquette Jean, *Apprivoiser son ombre – Le côté mal aimé de soi*, Bayard, 2001

Nicon Luc, *TIPI Technique d'identification des peurs inconscientes – Phobies, dépression, inhibition, irritabilité, angoisses,* Émotion forte, 2007

Ridnik Evelyne et l'équipe de thérapies conseil, *Parlons psy*, Éditions L'Archipel, 2007

Rosenberg, Marshall B., *Les mots sont des fenêtres (ou bien ce sont des murs)*, La Découverte, 2005

Rosenberg, Marshall B., *Spiritualité pratique*, Jouvence, 2007

Salomé Jacques, *Le Courage d'être soi*, Les Éditions du Relié, 1999

Salomé Jacques, *Je viens de toutes mes enfances*, Albin Michel, 2009

Salomé Jacques, *La Ferveur de vivre*, Albin Michel, 2012

Schwartz Richard C., *Système familial intérieur : blessures et guérison*, Elsevier Masson, 2009

Spund Marc, *Vaincre les peurs et les phobies*, L'Archipel, 2005

Ware Bronnie, *Les Cinq Regrets des personnes en fin de vie*, Guy Trédaniel Éditeur, 2013

Wickes Frances G., *Le Monde intérieur de l'enfance*, Éditions du Dauphin, 1993

Winnicott Donald Woods, *Jeu et Réalité*, Gallimard, Folio Essais, 1973

Wolinsky Stephen, *Ni ange, ni démon – Le double visage de l'enfant intérieur*, Le Jour Éditeur, 1995

Yalom Irvin, *Et Nietzsche a pleuré*, Le Livre de Poche, 2010

# Table des matières

## TROISIÈME PARTIE



## QUATRIÈME PARTIE



## CINQUIÈME PARTIE

*Dans la même collection*

collection dirigée par ANNE GHESQUIÈRE
J'ARRÊTE DE...
OLIVIER CLERC
(ME) JUGER
21 jours
POUR CHANGER
EYROLLES

Collection dirigée par ANNE GHESQUIÈRE
J'ARRÊTE DE...
PATRICK AMAR
SILVIA ANDRÉ
STRESSER !
21 jours
POUR CHANGER
EYROLLES

Collection dirigée par ANNE GHESQUIÈRE
J'ARRÊTE
MARION KAPLAN
LA MALBOUFFE !
21 jours
POUR CHANGER
EYROLLES

### *Communication aux auteurs*

Pour obtenir des informations sur nos conférences, formations, stages et consultations, vous pouvez consulter notre site :

www.coeurdenfant.fr

Pour nous contacter ou recevoir une brochure, veuillez écrire à :

methodecoeurdenfant@free.fr

Dépôt légal : octobre 2014
N° d'éditeur : 4914
IMPRIMÉ EN FRANCE

Achevé d'imprimer en octobre 2014
sur les presses de l'imprimerie « La Source d'Or »
63039 Clermont-Ferrand
Imprimeur n° 13241

PEFC/10-31-2008

*Dans le cadre de sa politique de développement durable, La Source d'Or a été référencée IMPRIM'VERT® par son organisme consulaire de tutelle.*
*Cet ouvrage est imprimé - pour l'intérieur - sur papier offset 90 g provenant de la gestion durable des forêts, produit par des papetiers dont les usines ont obtenu les certifications environnementales ISO 14001 et E.M.A.S.*